要約力

仕事も勉強も
ポイントをつかめば
うまくいく！

和田秀樹
Wada Hideki

かんき出版

まえがき――すべての問題解決に、今こそ要約力を

かつてイラクと米国連合軍の戦争が起きたとき、テレビの報道番組には、毎日のように軍事評論家、軍事ジャーナリストといわれる人たちが出演していました。その類まれなる軍事情報の蓄積、戦略分析は、端倪《たんげい》すべからざるものがあると、あらためて感心しました。

そんな軍事の専門家を見ながら、私はふとこんなことを考えたのです。

「あの軍事に関する広範な知識は、外国人との対人折衝や、ビジネスの戦略的思考、企業のマネジメントやマーケティングに応用できないものだろうか。軍事戦略・システムを援用した提言やアドバイスは、企業にとっても有用な情報になるのではないか。コンサルティングにも応用できるはずだ。だとしたら、軍事評論家といわれる人たちの活躍の場も、なにも戦時だけではない。平時だって、ビジネス・コンサルタントとしても十分やっていける……」

もちろん、軍事戦略とビジネス戦略は必ずしも同列に論じられるわけではありません。しかし、かつては軍事戦略であった「ランチェスター戦略」などが、今は立派な経営戦略になっているケースもあるのです。

その応用力の決め手になるのは何か？　それが要約力ではないかと思っているのです。私が言う要約力のイメージは、第1章で詳しく述べますが、一言だけここで触れておくと「情報の引き出しを多く持つことができる」という点をあげることができます。

国際情勢のみならず、ビジネス社会においても、次に何が起こるのか、非常に読みにくい時代になっています。こんな時代には、一つの専門分野だけでなく、多方面にわたる知識・経験など引き出しの多い人のほうが有利であることは、あなたにも想像がつくはずです。軍事評論家の活躍の場は、何も軍事情報の蓄積や軍事戦略の分析に限る必要はない。

私自身、もともとは、老人医療を専門とする精神科医です。その一方で、心理学や経済学、あるいは教育問題、受験技術、ビジネス実用分野など、広範な著作活動を行っています。通信教育や心理学ビジネスの会社も運営しています。一橋大学と東京医科歯科大学では医療経済学の講義も行っています。

その一つ一つが、私なりに作りあげてきた「引き出し」なのです。好奇心が旺盛で欲張りだからいろいろな分野に首を突っ込みたいし、それが、一つの仕事が落ち目になっても、別の仕事でのリスクヘッジにもなる。私自身、意識的に引き出しを増やすように心がけてきた結果です。

この引き出しの一つ一つには、私なりに蓄積してきたその分野の要約情報が収められています。ときには、Aという引き出しの要約情報と、Bという引き出しの要約情報を組み合わせることもあります。新たなCという引き出しが誕生します。

この引き出しの多さが、総体として「要約力」ということになるのです。

要約力は才能ではなく、習慣の問題

個々の要約情報を、ビジネス力にもつながる要約力たらしめるためには、単に情報の収集や要点のピックアップだけでなく、集約・加工技術も必要になってきます。その要約情報の強化こそが、本書の核心的なテーマです。

私が、この要約力強化の大切さをはっきり意識したのは、アメリカに留学して精神分析を学んでからです。アメリカの先生方は、いろいろな理論について、明確な要約を持っていて、それを背景にきわめて理路整然と講義をしてくれるのです。このおかげで、フロイト学派はこういう考え方で、こういう理論の変遷があったとか、クライン学派やコフート学派はどうだという形で頭の中がすっきり整理されました。

以来、多くの精神分析関係の本を読む際も、どこがどの学派の理論に近くて、どこが斬新で、何が言いたいのかがとてもよくわかるようになりました。新しいことを学び、首を突っ込む際に、なるべく関連分野のことについての要約を心がけるようにしました。

すると、いろいろなことに応用もしやすいし、人とのディスカッションもしやすいし、説明も、わからないところを聞くのもすべてやりやすくなったのです。

この私の〝開眼〟は、もちろん学術分野に限ったことではありません。ビジネス現場での情報収集、企画の立案、取引先を前にしてのプレゼンテーション、社内会議など、さまざまな場面で、要約力は問題解決の大きな力になるはずです。

対人場面でのコミュニケーションでも、相手の話の要旨はどういうもので、この人はどういう背景をもち、普段どんな考え方の持ち主なのか、そんな人物や意見の把握においても、要約力は重要なキーポイントになります。

そして、これだけは最初にみなさんに申し上げておきたいのですが、要約力というのは、才能の問題でなく、習慣や態度で身に付くものだと私は確信しています。本書がその習慣づけの第一歩となれば著者として幸甚この上ありません。

2003年6月　　和田秀樹

要約力

目次

第2章 「要約ベタ」を解消しないと日本の再生もあり得ない

第3章 要約力アップのために「強化の基本原則」を身に付けよう

第5章 要約力を活かすビジネス発想・ビジネス行動の掟

第6章　仕事もスムーズにはかどる対人関係の要約法

第7章　要約頭脳を鍛えるための九つの思考習慣

編集、執筆協力　エディ・ワン

第1章

これからは「要約力」が生き残りのキーワードになる

1 論理的思考には欠かせない「要約力」

情報の要点をつかんで手短かに集約し、かつ全体像をしっかり理解すること――これが「要約」という作業です。

この要約を正しく効率的にできる能力を、「要約力」と私は呼んでいます。そして、この要約力が今、社会生活のあらゆる面でことのほか重要になってきていると、私は感じています。

私の言う情報には、本や資料といった文字データはもちろんですが、対人場面でのコミュニケーションを通じて得る情報や、相手に対して持つ感覚なども含まれます。

たとえば会議や打ち合わせ、あるいはプライベートな付き合いの人たちとの会話。そういう場面で、相手から聞いた意見そのものや、その相手に持った印象を的確にインプットすること、これも要約です。

私たちの社会生活というのは、ビジネス現場であろうと友人や親子関係であろうと、コミュニケーションなくしては成り立ちません。もちろん、それぞれに違ったコミュニケーションの取り方をするわけですが、お互いに要約力があれば意思の疎通はよりスムーズにいく。この意味からも、要約力はとても重要な意味を持ちます。

とくにビジネス現場でのコミュニケーションにおいては、要約力がものを言います。というのも、友人や親子間でのコミュニケーションが、論理より感情や情緒を優先したものが多いのに比べ、ビジネス・コミュニケーションは、感情より論理が優先されます。

最近のビジネス書のタイトルには、「論理的」という言葉が多く見られますが、要約とは要点という「点」を、論理という「線」でつないで全体像を理解することです。

何かを要約しようとするとき、この「点」は本や資料から抜き出せばよいのですが、「線」でつなぐ作業は自ら行わなければならない。つまり、要約作業をするといやが上でも「論理的な思考が身に付く＝論理的思考を鍛える」ことになるのです。

誰にでも経験があると思いますが、論理がきちんと立った人の意見を聞くと、その人の言いたいことがスムーズに伝わります。これが「要約しやすい意見」です。

要約しやすい意見が次にもたらすメリットは何でしょう？

意思の疎通が滞らないから再確認の必要がない。すなわち、次のプロセスへ仕事がすみやかに進む、ということになります。

要約力とは情報を論理的に把握する能力であり、同時に、自分の考えや意見を論理的に構成し、表現する能力でもあるのです。

2 要約力はスピード経営時代の必須能力

論理的な意見が言える、つまり、要約力があれば、コミュニケーションがスムーズになる。ではなぜそれが重要なのでしょうか？　現代のビジネス社会全般の戦略的なトレンドを見てみましょう。

業界や業種を問わず、ビジネス社会全体に共通する重要なキーワードに「スピード」という言葉があります。これはスピーディに意思決定をし、業務を遂行・展開することで、ビジネスチャンスを確実に成果に結びつけていく経営原則を意味します。

具体的にどのような戦略を持つかはその企業が属する業界や業態によって異なるとしても、このスピードという経営原則を否定する経営者には、私はほとんどめぐり合っていません。それほどまでにスピードは現代ビジネス社会全体の共通認識なのです。

では、仕事をスピード化させるとは何を意味するのでしょうか。

仕事は多くの場合、コミュニケーションから始まり、情報収集で企画内容が肉づけされ、付加価値を持った商品・サービスという形となって遂行されます。そして、これらの要所には、「指示」や「判断」といった意思決定が伴います。

まずコミュニケーションでは、社内的であれ対外的にであれ、要約力のあるなしでコミュニケーションの密度も速度もがらりと変わってしまいます。

情報収集も同様です。インターネットや新聞・雑誌・書籍から、多チャンネル時代が本格化するテレビやラジオ、映像メディアなどの膨大なコンテンツ（情報の中身）から、いかに最新情報を迅速に収集するかが問われます。この情報収集作業はまさに、要約力を鍛え上げるための主戦場です。日ごろからどれだけ要約の意味を意識して情報収集できるかがポイントとなってきます。

上司の意思決定もまた、しかりです。部下とのコミュニケーションや部下の収集した情報を、いかに要約して事業戦略遂行のために役立てていくか、その手腕が問われます。

仕事のスピード化とはつまり、コミュニケーション・情報収集・意思決定のスピード化であり、どの段階でも要約力は外せない能力なのです。これからの仕事力の要《かなめ》はまさに、要約力が握っているわけです。

「いかに要約力を高めるか――」

スピード化を大前提とする現代のビジネス社会で、多くのビジネスパーソンにいま求められている資質こそ要約力です。

3　要約力でコミュニケーション・スキルが身に付いてくる

「読書感想文」という言葉を聞くと、多くの日本人が「小学生のころよく書かされたな。懐かしいな」と感じます。ところが「読書要約文」といわれてもピンとこない。むしろ「そんな宿題なかったよ」と思う人がほとんどです。

こうした教育事情からも、「要約する」という作業の大切さを、わたしたちは意識付けされてこなかったように思います。

言うまでもなく、感想文と要約文はまったく異質のものです。

本を読んだあとの心象や感情を、なるべく相手に伝わるように構成するのが感想文です。ところが、感想文では自分がどう感じたか、といった感情表現が主題となるためそこがアピールできていれば、感想文全体が論理立っていなくても、「よくできました」の花丸マークがもらえます。私自身もそんな経験がありました。

つまり、その本の心情的な読解がいかにうまくできるかが重要であり、対象となる本の主旨、論旨などの情報性や、内容を補足するデータの正確な把握や分析などに関しては、評価の対象となっていません。

一方の要約文とは、その本あるいは著者が何を伝えようとしているのかというテーマの把握が前提となります。次いで、どんな情報（あるいは物語）をもとに、どんなデータ（あるいは登場人物など）が提示されたかを、的確に把握するものです。自分がその本に感じた主観（感想）は、とりあえず必要ありません。主観より先に、論理的に考えながら本の内容を把握し構成する力が要求されるわけです。

私は前者を「感想力」、そして後者を「要約力」と表現しています。この二つの力を、人間関係にあてはめて考えてみましょう。

感想力は、自分の考えや思いといった主観や情緒を表現する、「個性を感情面で育てる力」です。それに対して、要約力とは、相手（著者）の主観（つまり自分の客観性）や情報・データを論理的に捉える力で、「相手の個性を知的に理解する力」なのです。

ですから本書で私が使う「要約力」「要約」という言葉には、単に情報やデータを手短にまとめるという意味だけでなく、人間関係における相手の個性・主観・論旨などを論理的に把握するといったコミュニケーション・スキル的な意味をも含んでいると、理解していただきたいと思います。

この感想力と要約力は、どちらもバランスの取れた人間形成のために重要です。これまで、個性を育てる感想力は教育の中で重視され、なるほど個性的な人たちも増えました。

しかし、相手を理解する要約力というのはあまり重視されてこなかった。これが現在、社会のあちこちでコミュニケーションの破綻が見られる、遠因、いや原因かもしれないと私は感じています。

効率化とともに論理的思考の重要性が、ようやくビジネス社会でクローズアップされ始めました。一方の一般社会では「コミュニケーションの欠落」が、さまざまな社会問題を誘発しています。論理力と客観性を高める「要約力」は、これから学校教育やビジネス社会が、より一丸となって育てるべき「力」である――こう感じているのは、けっして私だけではないはずです。

4 要約には「ストックの要約」と「フローの要約」がある

私が提唱する要約力のイメージをつかんでいただくために、ここで図解しながら説明してみましょう。左に紹介したのが要約力のイメージ図です。

私たちの身の周りには、新聞、雑誌、テレビ、ラジオなどさまざまなマスメディア情報が溢れています。最近では、インターネットを通じて発信されるWebサイト情報やメル

情報データの加工と要約力の強化

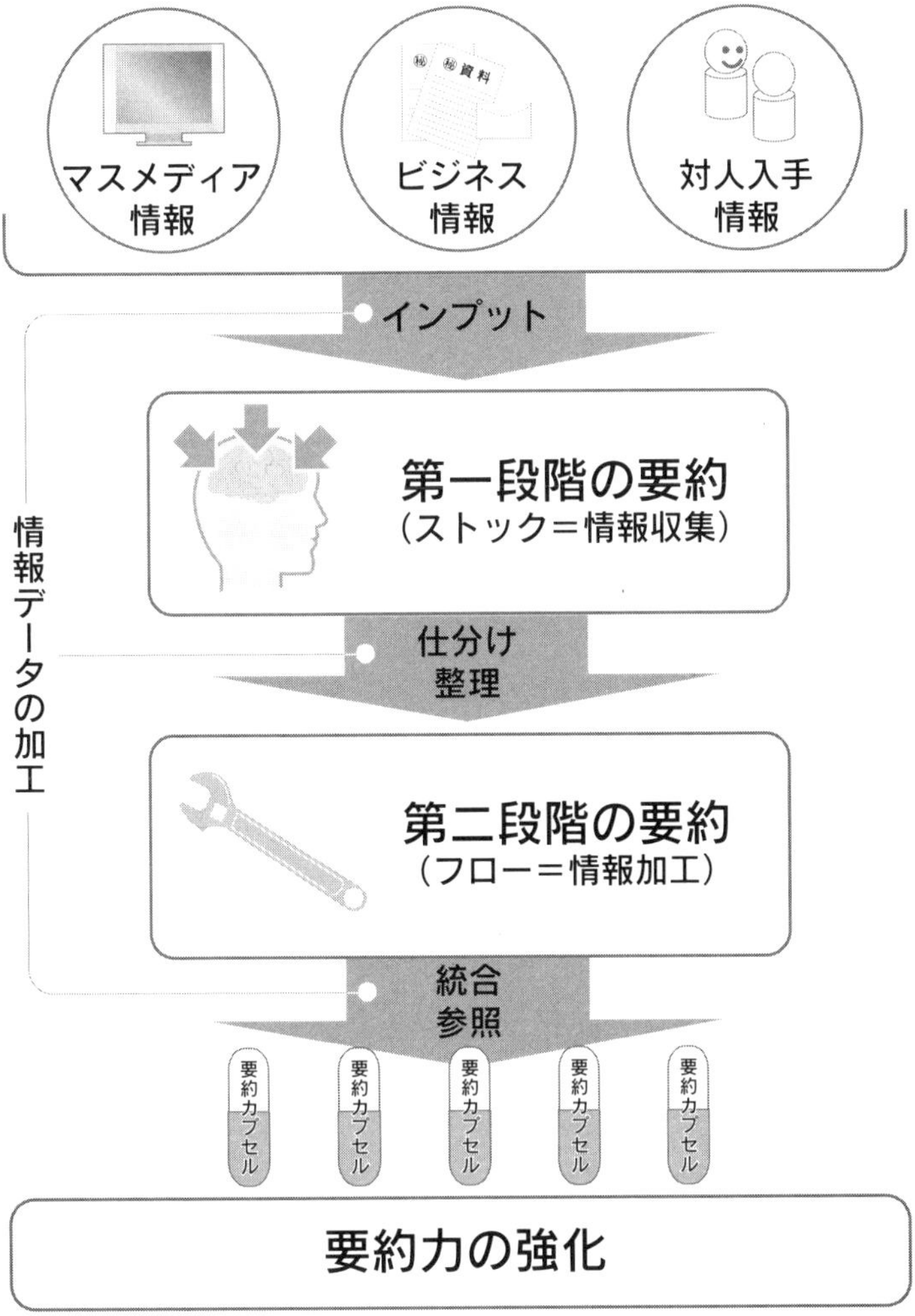

マガ情報もマスメディアとしての地位を築いています。

さらに、日常的なビジネス場面では、さまざまなビジネス文書・資料、ペーパーやメールなどが行き交っています。取引先から渡されたプレゼン資料や行政文書なども、ビジネス情報の定番と言えるでしょう。

ペーパーやパソコン画面を通じて入ってくる情報だけではありません。前述のように、対人関係を通じて言葉やその場の印象として入ってくる情報も膨大なものになります。

私たちはこれらの膨大な情報をまず、自分なりに要約して記憶中枢にインプットしているはずです。これを私は「第一段階の要約」と読んでいます。

この第一段階の要約で必要になるのは、情報の的確・簡潔な圧縮です。しかし、この第一段階の要約だけでは、情報のエッセンスを自分なりに吸収したにすぎません。私が本書で強く提唱したいのは、次の「第二段階の要約」が重要だという点です。

第一段階で吸収された要約情報は頭のなかで集約され、個々の要約情報が目的に沿って整理・仕分けされ、そして統合されることによって新たな要約情報になる。それが第二段階の要約です。つまり要約が「強化」されたことになるのです。

私は、この「要約の強化」が行われてはじめて、要約としての大きな力になると考えているのです。現代のビジネスに欠かせない特効薬という意味も込めて、私はこの「強化された要約情報」を「要約カプセル」と名付けています。

本書では、この要約カプセルという言葉が随所に出てきます。要約カプセルといったときには、第一段階の要約情報が、第二段階でさらに強化された要約情報のことを言っていると考えてください。

この第一段階の要約と、第二段階の要約を、もう一つ別な観点から言うと、第一段階で要約された情報は、いわば「ストックとしての要約情報」です。つまり、まずストックしておくことに意味がある。新聞やテレビから得た情報で、その要点を咀嚼《そしゃく》して自分の記憶中枢に留めておくわけです。

そのストックされた要約情報は、第二段階で付加価値を持って〝流通〟するようになります。あなた自身がさまざまな場面で応用し、使いまわしていくことができれば、それは流通価値を持つものになったと言えます。もちろん、プレゼンなどで、強化された要約情報を提示すれば、対外的な流通価値を持ったことになります。

つまり、ストック（蓄積）からフロー（流れ）としての側面が、第二段階の要約では生まれることになるのです。企業の決算書は、お金のストックとフローを表したものですが、要約とはまさに、あなたの「知恵のストックとフロー」を表すものともいえるのです。

5 要約の強化に欠かせない「リファレンス＆ブレンド」

ストックとしての要約情報から、フローの要約情報へ——この要約強化のイメージをつかんでいただくために、もう少し補足しておきましょう。

第一段階のストックとしての要約情報を持っているだけの人と、第二段階の強化された要約情報を持つ人とは、どこがどう違うのでしょうか？

第一段階の要約情報は、いわば「データの断片」とも言えます。このデータの断片を持つだけでは、単なる物知り、博識の人で終わってしまいかねません。丸暗記ではなく、要点をつかんでいるという意味では、価値ある要約情報の持ち主といえますが、今問われているのは、その要約情報の応用力なのです。

第二段階の要約で行う「要約の強化」とは、そのデータの断片を集約して組み合わせ、しかも論理的に統合する作業なのです。それによって、自分の思考活動でも、対外的な表現の場であっても、有効に活用される要約情報となる。

あらためて整理すると、真の意味で要約力の高い人は、たくさん持っているストックとしての要約情報から必要なものを瞬時に抜き出し、関連付けたり、統合することができる人ということになります。

すなわち、第一段階でストックした個々の要約情報を、すばやく参照して組み合わせる技の持ち主――、「リファレンス（参照）とブレンドの達人」と言うこともできます。

しかも、このリファレンスとブレンドは、今のビジネス社会で応用するにはスピードと柔軟性が求められます。

リファレンスする過去の要約情報に固執したり、ブレンドの種類が限られたままでは、複雑・多様化したビジネスモデルの構築や、競争社会に求められるスピーディな意思決定ができません。

つまり経営者や、経営中枢に関わるリーダーたちには、一般ビジネスパーソン以上に、真の意味での要約力が問われているのが現代ビジネス社会なのです。

勝ち組として企業を導くためには、事業戦略の見通し、財務状況の把握、適材適所の人事などなど、さまざまな側面で、要約情報のリファレンスとブレンドを常に行う必要があります。

こうした要約力を駆使した結果、手にすることができるのが経営者、プロジェクト・リーダーとしての要約力と要約カプセル、というわけです。

6　スペシャリストとゼネラリストで異なる要約カプセルの中身

ビジネスパーソンのスキルタイプは、スペシャリストとゼネラリストに大きく分けることができます。

ある専門分野に特化した要約カプセルを多く持つのがスペシャリストです。一方のゼネラリストは、幅広い分野の要約カプセルを多く持っています。

「あなたはどちらの道を選びますか？」

キャリアメイクという観点からは、よくこうした問いかけが聞かれます。しかし私はもっと自由でいいと考えています。

自分で例えるなら、私は医師として、ゼネラリストとスペシャリストの顔を持っています。

スペシャリストとして働くことができるのは、痴呆症の患者さんなど、自分の専門領域である老年精神医学領域の患者さんを診るときです。ここでは、私がこれまでスペシャリストとして学んできた要約カプセルを駆使して、誤診を防ぎ、その患者さんに適した治療や対応の方法を考えていきます。

スペシャリストとゼネラリストの要約力

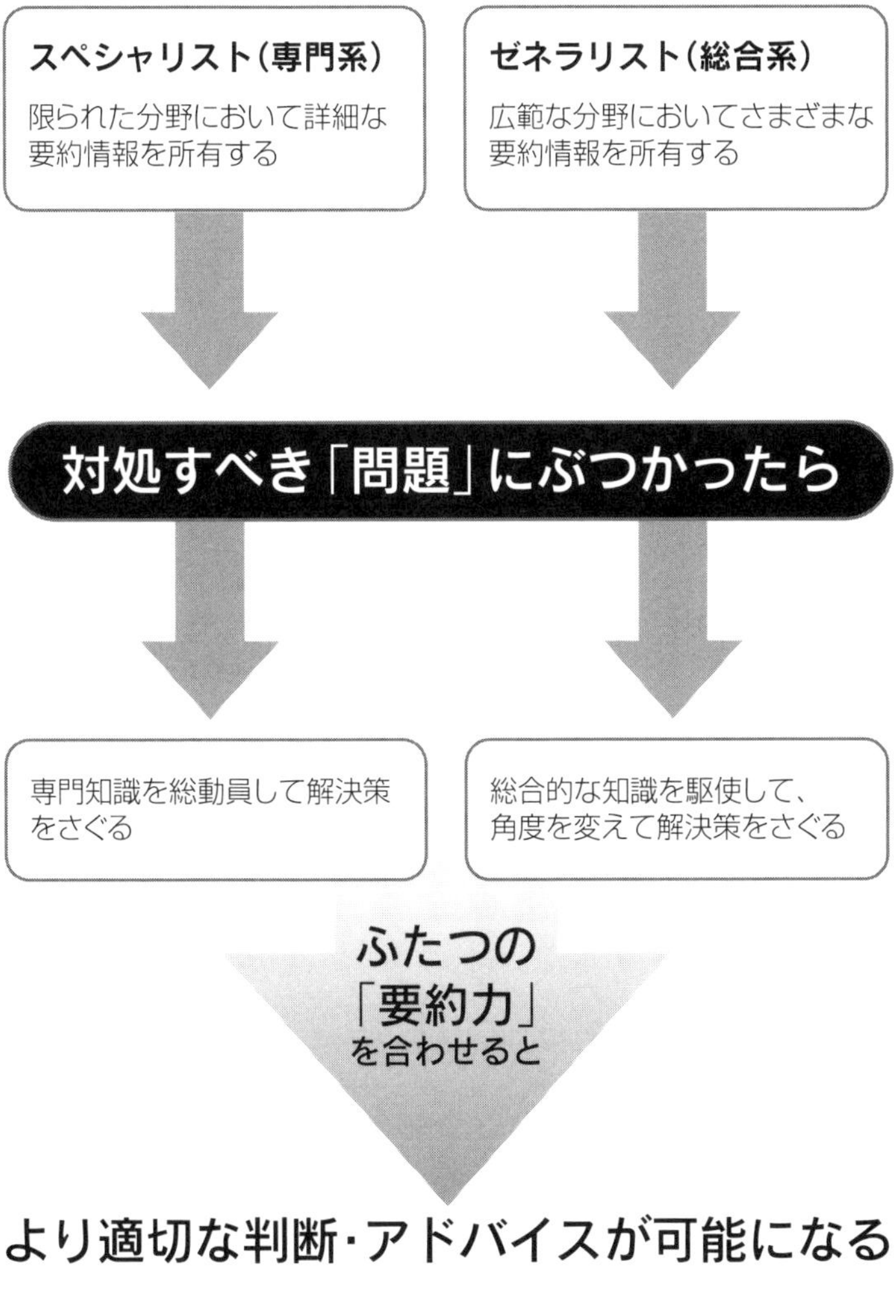
スペシャリスト（専門系）
限られた分野において詳細な要約情報を所有する
ゼネラリスト（総合系）
広範な分野においてさまざまな要約情報を所有する
対処すべき「問題」にぶつかったら
専門知識を総動員して解決策をさぐる
総合的な知識を駆使して、角度を変えて解決策をさぐる
ふたつの「要約力」を合わせると
より適切な判断・アドバイスが可能になる

たとえば、痴呆症以外のうつ病や甲状腺のホルモンの異常ではないかを疑い、それらにあてはまる可能性がないかを、これまでのスペシャリストとしての要約カプセルと比較検討します。あるいは画像診断を行うにしても、長年のスペシャリストとして何千枚も見てきた脳のＣＴやＭＲＩについての要約情報と比較して、痴呆と診断していいかを判断します。

また、治療法のない痴呆症の場合、これまでの経験によって身につけてきた対処法について、その家族やその痴呆症の患者さんにもっともふさわしいアドバイスを選び、少しでも痴呆症の患者さんが具合よく生きられる道を探ります。

もちろん、スペシャリストのもう一つの重要な点は、これだけの経験をしていても無理だと思ったら、その判断をすることにもあります。たとえばどう考えても原因が不明の痴呆症の場合は、「その分野でもっとも専門的にやっているところ」という要約カプセルを働かせてその病院を紹介するでしょうし、薬と家族だけで対応できないだろうと判断したら、入院できる病院を紹介します。

ここでさまざまな角度の深い情報を持っているから、社会的生命を奪いかねない痴呆症の誤診を避け、また家族が知りたがっているなるべく深い情報を提供できるのです。

一方、ゼネラリストとして痴呆症の患者さんを診るときは、頭の症状に気を取られて内科的な問題を見落としていないかを、一通りチェックしていきます。

ここでは、頭の病気だけでなく、ほとんど誰もがどこか一つや二つは体の病気も抱えているという高齢者の特性に合わせて、専門外の内科や外科などについての要約カプセルを働かせて、ざっと問題を見渡すのです。

ここでちょっとおかしいなと思った際には、呼吸器なら呼吸器の、消化器なら消化器の専門家、スペシャリストに委ねます。ゼネラリストというのは、広く浅くではあるが、そここそ必要な情報カプセルをいろいろな分野で持っているので、スペシャリストへの橋渡しができるのです。そしてこういうゼネラリストとしての要約カプセルを広く持つことのほうが、意外にアンテナを広く張っていないといけないし、難しいものなのです。

いちばん大切なことは、自分はスペシャリストだからゼネラリストはやらないとか、ゼネラリストだからすべて専門家に最後は回せばいい、などと自分の活動エリアを狭く限定しないようにすることです。これでは本人だけでなく、患者さんにとってもなんのメリットもありません。

内科の知識があれば、スペシャリストとしても痴呆の診断の誤診率が減るでしょう。あるいはビジネスで人間心理を観察することで心理学者としての能力も高まるだからこそ、私もいろいろな分野で執筆や講演ができるし、逆にそのような視点でものを見ることでスペシャリストとしての能力も上がるのです。

どの分野でも可能な限り両方の顔をもち、シチュエーションにあわせて使い分けられることが大切だということです。

7　カルロス・ゴーン氏の要約力に学べ

これからは、真の意味での「プロの経営者」が求められる時代だと思います。経営にプロもアマもない、経営者であればその道のプロであることは当然、そう考える経営トップは多いと思います。

しかし、私がここで言う「プロの経営者」とは、企業の最大価値を引き出すために、組織の人事力学や慣習などに縛られることなく果断に改革を進められる経営者のことです。

そのプロの経営者に絶対に欠かせないのが、要約カプセルなのです。もっともわかりやすい例が、日産自動車を奇跡的に復活させたカルロス・ゴーン社長でしょう。

来日当初の「コストカッター」という異名から、どちらかと言うと経営・財務畑を歩んできたMBAホルダーというイメージが強いゴーン氏ですが、じつはフランスのエコール・ポリテクニーク（国立理工科学校）卒の理系思考派で、生粋のエンジニア出身です。

そのゴーン氏がもつ要約力を感じさせる文章を紹介しましょう。

「実際の経験をひとつひとつ積み重ねることで、マネジメントの効果を高める基本的なツールを発見することができる。そして、ひとつひとつの問題に挑戦することで、そのツールに磨きをかけて、明晰な決断を下すことができるようになるのである。」（『ルネッサンス』カルロス・ゴーン著・ダイヤモンド社刊より抜粋）

ここで言っている「ツール」とは、私からいわせれば、まさに「要約カプセル」の処方《しょほう》箋《せん》のことです。その要約カプセルの処方箋を、「コミットメント」（結果に対して責任をもち遂行すること）という言葉を使って社内に浸透させたのが、ゴーン流のマネジメントでもあったのです。

ゴーン流のマネジメントのバックボーンとなっていたのが、彼のプロジェクト・リーダーとしてのキャリアのなかで培われたリファレンス＆ブレンド能力ではないかと、私は考えています。ミシュラン、ルノーと異なる企業文化の中で、経営中枢を歩み、いわゆるコーポレート・ガバナンス（企業統治）のあり方を体得してきた。

そのコーポレート・ガバナンスを、瀕死の状態だった日産に乗り込んで遂行するにあたって、ゴーン氏は、自ら考えていることをリファレンス＆ブレンドし、要約情報として経営幹部のみならず、全世界で13万人にもなる日産グループ社員の一人ひとりに浸透させていったのです。

逆に日産、ことにゴーン氏をルノーから招聘《しょうへい》した前社長の塙《はなわ》義一氏からすれば、日産リバイバルのために、危機感を的確に要約して全社員に浸透させるためには、フランス人社長という〝外圧〟を利用せざるを得なかったのです。

ゴーン氏の事例のように、最近の欧米流コーポレート・ガバナンス（企業統治）導入で、かなり日本企業の経営者選出にも変革の波は押し寄せています。しかしまだ多くの大企業や官庁に旧来の人事システムが残っています。

学閥や派閥の力学で中間管理職に引き上げられ、調整術にたけた人が取締役や社長にまで上りつめる。そこに外部から「新しい血（知）」を求める発想などなかった。つまり人事システム一つとっても、新たにリファレンスやブレンドする機能を持たないままきたのが、日本の組織社会だったのです。これでは、日産のようなリバイバル（再生）はありえないことは明らかでしょう。

平成十五年六月に、ゴーン氏はソニーの社外取締役に就任しました。このソニーの新体制の役員十七人のうち八人が社外取締役です。ゴーン氏のほかにも、経済同友会代表幹事の小林陽太郎・富士ゼロックス会長、宮内義彦オリックス会長、さらに取締役会の議長には中谷巌多摩大学学長が就いています。

このソニーの意図はまさしく、スピーディで柔軟なリファレンス＆ブレンド力を持つ要約力の達人たちを集め、企業としての要約力の強化に動き出したものと見ることができるでしょう。

新聞で読んだソニーの出井伸之会長のコメントがふるっています。

いわく、「ゴーンさんには電話で三十秒でお答えを頂いた。決断の早い方だ」

8　今こそ求められる「仮説↓検証」の精神

真の要約力に基づいた果断な意思決定と実行力。それが、日本再生への道筋に欠かせないことは、少しずつみなさんにもおわかりいただけると思います。

真の要約力とは、前述したように、最初に仕入れた要約情報が縦横無尽にリファレンス＆ブレンドされ、強化された新たな要約情報を生み出す力を意味します。それがなぜ、これからの時代に欠かせないかと言えば、今は「明確な答え」がなかなか見出せない時代だからです。

明確な答えとは、たとえば、経済の先行き。企業の三年後、五年後の姿。あるいは新規事業の成否。社内改革の成果。私たち個人のレベルでいえば、社内での昇進の仕方、給与の増減の見通し、年金などの社会保障の行く末などなど、十年後の生活スタイルを思い浮かべようとしても、ようとして見えてきません。

ビジネス社会の現状を見ただけでも、大手の一角を占めていた銀行がある日突然、実質国有化される事態になることなど、預金者のみならず、私たち一般人の中で誰が予想しえたでしょうか。

こんな先行きの見通しがききにくい時代を生き残っていくためには、いいも悪いもすべて起きうる事態への目配りが欠かせません。ビジネスモデル構築においてもしかり。企業の存亡や、私たち一人ひとりの生活プランにおいても、しかりです。

起きうる事態への目配りとは、なにも危険を察知することだけではない。ビジネスモデルの構築やライフプランの設計などで、前向きなシミュレーションをする際にも欠かせない視点です。つまり、起こりうるリスクの察知や、望ましい未来への「仮説」と「検証」が重要になってくるのです。

インターネット上の仮想商店街を運営して、ＥＣビジネスでは一人勝ち状態で躍進する楽天の社長、三木谷浩史の創業期からの信念は「仮説→実行→検証」です。ことに一番手と二番手の差が一気に開くインターネットビジネスでは、この「仮説↓実行↓検証」のサイクルをいかに高速回転させるかがカギだとインタビューなどで強調しています。

新たなビジネスモデルの構築だけでなく、今、社会のあらゆる場面で求められているのが、この仮説と検証の精神ではないかと思うのです。

動きが激しく、しかも先行きの透明度が低い時代であればこそ、ときには失敗やリスクも覚悟のうえで、果敢に挑戦しなければならないときがある。そこで必要なのが、果断な実行の基盤となる仮説であり、軌道修正のための検証なのです。

ことに、これまでの日本社会でないがしろにされてきたのが、客観的なデータや論理に基づく検証です。たとえば、小泉構造改革で最初に俎上《そじょう》にあがった道路公団問題などは記憶に新しいところです。

お役人が交通予想量に基づく収支などの仮説を立てたはいいが、それが非常に根拠の乏しいものだった。ところが、その〝行政の権威〟が一人歩きしたまま放置されて、大赤字をタレ流しつづけてきたのです。

そこにメスを入れたのが、猪瀬直樹さんらの行革断行評議会のメンバーだったというわけですが、猪瀬さんらは、官僚たちが出してくるあやふやな採算予想データに対して、評議会としての仮説と検証手法を持ちこんで、これまでのムダ使いと将来的な展望のなさをあぶり出した。

その後の郵政民営化問題にしても、行政や族議員の隠然とした抵抗は影をちらつかせていますが、少なくともその抵抗力を突き崩していくことができるのは、どうもあやしいという仮説であったり、とことん確かめてみようという検証精神であるのです。

9 情報化社会では、要約情報の「更新」を怠れない

なぜ今、独自の仮説を立てたり、その検証をすることが必要なのか？　それを現代社会の情報の流通という観点から考えてみましょう。

パソコンとインターネットは、膨大な情報の収集能力と処理能力を私たちに与えてくれます。たとえば、インターネットで調べたい情報にアクセスしたいときは、検索サイトでキーワードを入力すれば、そのキーワードを含んだ膨大なページが抽出されます。

しかし、その一つ一つを丹念に見ていくと、中には単なる憶測情報や根拠に乏しいものがあったり、どこかで見たような情報がオリジナル情報のように記述されていたり、つまりは裏付けのない情報やコピー情報が氾濫しているのです。

コンピュータの基本機能に「コピー」と「ペースト（貼り付け）」という操作機能がありますが、まさに情報がコピー&ペーストで膨張し続けている感すらあります。

それは、高度情報化社会の負の側面でもあるのですが、玉石混交の情報の大海のなかで、私たちはその情報の有効性を吟味しながら取捨選択していかなければならないのです。トレンド情報一つ要約するにあたっても、情報発信者側の意図を理解しなければならない。

しかし、インターネット上に流通する情報を一つ一つ、客観性や裏づけを徹底的に吟味していくことなど、現実的にできる話ではありません。ならば受け入れっぱなしでいいかというと、それも違う。

ここで、この問題に対する私の「仮説」です。

一時的に仕入れる要約情報は、それはそれでストックとして記憶中枢にとどめればいい。問題はそのあとの要約情報の強化です。何をもってして強化というかといえば、最初に仕入れた要約情報をもとにした仮説や検証によるバージョンアップなのです。

たとえば、広告マーケティングで「Ｆ１層」といわれる20～34歳の女性層が、これからの消費動向のカギを握るという情報に接したとします。最初の要約情報としては、そのワンフレーズでいいかもしれない。しかし、次のＦ１層の貯蓄性向の情報に接したら、消費と貯蓄、両方の側面を踏まえたＦ１層のとらえ方が要約情報として生まれていいはずです。

つまり、要約情報はどんどん修正していっていいのです。日々膨大な情報が新たに生み出され、それがコピー&ペーストでまたたくまに広まってしまうIT社会では、独自の検証と修正を怠れば、自らをミスリードしてしまうかもしれない。

仮説と検証の精神は、そんな情報化社会を生き抜く掟《おきて》として、欠かせないものになっているのです。

10 アレンジャーとしての力が問われる時代

コピー&ペーストの情報と文化がインターネットを通じてまたたくまに広まるIT社会。テクノロジーの進化は、企業の製品やサービスに、均質化をもたらしています。それなりに高いクオリティを維持しながらも、他社製品・サービスとの差別化がむずかしくなってきているのです。

そのためか、企業の商品企画・開発では「独創性」「オリジナリティ」「オンリーワン」といった言葉がキーワードになっています。

この独創性やオリジナリティといったコンセプトは、じつは今に始まった話ではありません。ときには「個性」「創造性」などという言葉も使われながら、連綿と受け継がれてきた〝金科玉条〟でもあったのです。

たしかに、独創性、オリジナリティ、個性などといった言葉は聞こえがいい。そこで、猫も杓子《しゃくし》も、という具合にその御旗を掲げるわけですが、勘違いされがちなのは、独創性やオリジナリティを、「まったくの無から有を生む」ようなイメージでとらえられてしまう傾向があることです。

しかし私は、世に「独創性」「オリジナリティ」と呼ばれる類のものは、ほとんどすべてが改良する力、つまり「アレンジ力」だと思っています。それは、現状の問題点を発見し、修正を加える能力です。

このことは歴史を振り返ってみても明らかです。たとえば、電灯や蓄音機を発明したエジソン、蒸気機関を発明したワット、ダイナマイトを発明したノーベル、みんな先達の研究成果があってこその発明だったのです。

歴史に名を残す天才科学者たちの業績には計り知れないものがあることは当然です。ただ私は、その科学者たちの地道な努力を棚に上げて、独創性や創造力といった聞こえのいい言葉にしがみ付くことに警鐘を鳴らしたいのです。

独創性やオリジナリティを〝青い鳥〟のように追いつづけていると、今、直面する課題への問題解決能力が衰退してしまう。足元を見つめ、今、自分ができるところからスタートしようという姿勢が薄れてしまうでしょう。

独創性の幻想を追い続けるより、すでにある知識と新しい知識をどう組み合わせて改良していくか、それを出発点にしたほうが、はるかに現実的で、着実な一歩になる。アレンジメントの中から、新たなビジネスモデルを生み出すこともできるのです。

独創性やオリジナリティといった言葉に、けっして酔ってはいけません。むしろ、今の時代に必要なのは、問題解決や販売力拡大に向けた着実な一歩です。改良・修正を加えて付加価値を大きくしていくアレンジャーの時代なのです。

そのアレンジメントのカギを握るのが、ストックとして蓄えてきた要約情報であり、それをさらに強化して生まれる要約カプセルです。

競争力がますます問われるビジネス社会でも、構造改革が叫ばれる経済・社会状況においても、要約力の醸成は、時代の要請ともいえるのです。

第2章

「要約ベタ」を解消しないと日本の再生もあり得ない

1 「論拠」を求めようとしない日本人の思考習慣

グローバルな視点がますます重要になってきたビジネス社会、あるいは国際政治の舞台においても、要約力はこれからのキーワードになるはずです。

ところが、これまでの日本社会では、この要約力が非常にないがしろにされてきた。別な観点からいうと、日本人はハッキリいって、要約が苦手だったのです。要約力に乏しい国民性が受け継がれてきたともいえるのです。

第2章では、日本人の精神風土や文化、教育観などにひそむ、要約力欠如の原因を探ってみたいと思います。それを踏まえてこそ、「ではどうすべきか?」という視点が明確になってくるからです。

最初にあげたいのが、「論拠」を求めない、日本人の〝思考習慣〟です。

たとえば「詰め込みの勉強より情操教育のほうが大事だ」などと言う人は多くいます。「勉強一辺倒だと、心の痛みややさしさのわからない子どもになる」「だから、ゆとり教育が大事なんだ」と。

しかし、勉強ばかりしていると、本当に、人間として本来持つべき情操が失われてしまうのでしょうか？　その論拠はなんでしょう？

結論から言えば、たいした論拠はないのです。

精神科医として、あるいは学習・教育問題に長年携わってきた人間として、私は、学習時間と情操の発達との因果関係をきちんと説明した統計や調査結果は、これまで聞いたことがありません。

おぼろげな論拠としてあるのは、日本人がなんとなく抱いている「ガリ勉＝イヤなやつ」というステレオタイプのイメージだけではないでしょうか。それが「自明の理」として、立派な〝論拠〟となっているのです。いや、論拠など念頭に置いていないといったほうがいいかもしれません。

たとえば、テレビを見たり、おとなの話を聞いていた子どもが、「なんで？」と質問ばかりすると、うっとうしがられることがあります。

「そういうもんなの」と答えを逃げたり、はては「あまり理屈っぽいこと言うと、おとなになると嫌われるよ」などと、それこそヘンな理屈を言う。そんなおとなの態度は、いつのまにか「論拠を考えようともしない習慣」を身に付けさせてしまうのです。

子どもへの悪影響ばかりでなく、おとな自身が、論拠を求めない思考習慣のなかで、閉そく状況に追い込まれているのが現状なのです。

「なぜだろう?」とは考えずに、目の前の状況を「こんなものだ」と受け入れてしまう。受け入れたとしても、心の底ではなんとなく釈然としていない。

だからストレスがたまる一方なのです。

そのジレンマを精神的に解決する手立てが、情緒的で短絡的な答えを導き出すことです。

たとえば、北朝鮮問題に対する日本政府の対応が話題になったとします。「対応」がどうあるべきかを話そうとしているのに、「金正日《キムジョンイル》は許せん」「けしからん」などと、感情的な話に終始してしまうことが、おとなの社会ではよくあります。

これは、論拠を考えない思考習慣というより、思考停止そのものです。なんであんなことになったのか、それを深く考えようとしないのです。

現実世界の出来事に、明確な一つの解答が導き出せるのは稀です。しかし大切なのは、「なんでこうなるのか」と論拠を求めようとする姿勢なのです。つまり、自問自答する習慣です。おとなは、子どものように、誰彼かまわず「なんで?」というわけにはいきません。自分で「なんでだろう?」と問いかけることで、ときには必要な情報を集め、ときには思索し、そこで、自分なりの「要約」が生まれてくるのです。

その「要約」があってこそ、「どうすればいいのか」という自分なりの考え方が生まれてくるというわけです。

2　あいまいさをよしとする「美風」の落とし穴

日本人が「要約」を苦手とする背景には、地理的な要因や、言語学的な要因もあるでしょう。つまり、海に囲まれた島国で、よそ者とあまり触れ合う機会のない環境のなかで人間関係が築かれてきた。そこで形作られてきた日本語という言語は、気心の知れた人間同士の「あいまいさ」を許してきたのです。「あいまいさ」がむしろ、美風となってきた文化を形成してきたのです。

あいまいな表現どころか、余計なことは口にしないという生活規範さえ生んでしまう。「物いへば唇寒し秋の風」と詠んだのは松尾芭蕉です。「知に働けば角が立つ。情に棹させば流される」と書いたのは夏目漱石です。そんな精神風土のなかで、日本語は形成されてきたのです。

しかし、グローバル化の時代においては、日本語の持つあいまいさは、往々にしてマイナスになってしまうことがあります。

よく言われるのは、否定形の構文。英語をはじめほとんどの外国語は、否定形で話すとき、「I don't」「I'm not」という具合に、いちばん最初に否定の言葉がつきます。「イエス」

または「ノー」で、最初に自分の態度を明確にするのです。

ところが、日本語の場合は事情が違う。否定の意味であっても、最後まで話を聞いてやっと「〜ではない」が出てくる。しかも、その前に微妙な言い回しが重ねられるわけですから、外国人が「日本人は何が言いたいのかわからない」となるのも、当然と言いえるかもしれません。

若者言葉にも、そのあいまいさの精神は脈々と受け継がれています。たとえば「〜みたいな」といった表現や、「オレ的にいえば」「わたし的には……」などいう言い方。いずれも表現そのものをあいまいにしたり、自分の立場をオブラートに包む言い方です。言葉が乱れていると言われながら、「あいまいさ」だけはきちんと踏襲されているわけです。

友達同士や、ごく近しい人間同士の会話なら、あいまいさも許されるかもしれません。言語不明瞭でも、相手が気持ちを忖度《そんたく》してくれる。あるいは、初対面でも日本人同士なら、阿吽《あうん》の呼吸で納得しあえるかもしれない。

しかし、決断のスピードが強く求められるようになっているビジネス現場では、「あいまいさ」は足を引っ張りこそすれ、けっしてプラスにはならない。国際的なビジネスや政治の舞台でも、あいまいな態度が、日本人の存在感の希薄さにつながっていたことは、皆さんもよくご存知のはずです。

日本語のあいまいさと「要約力」

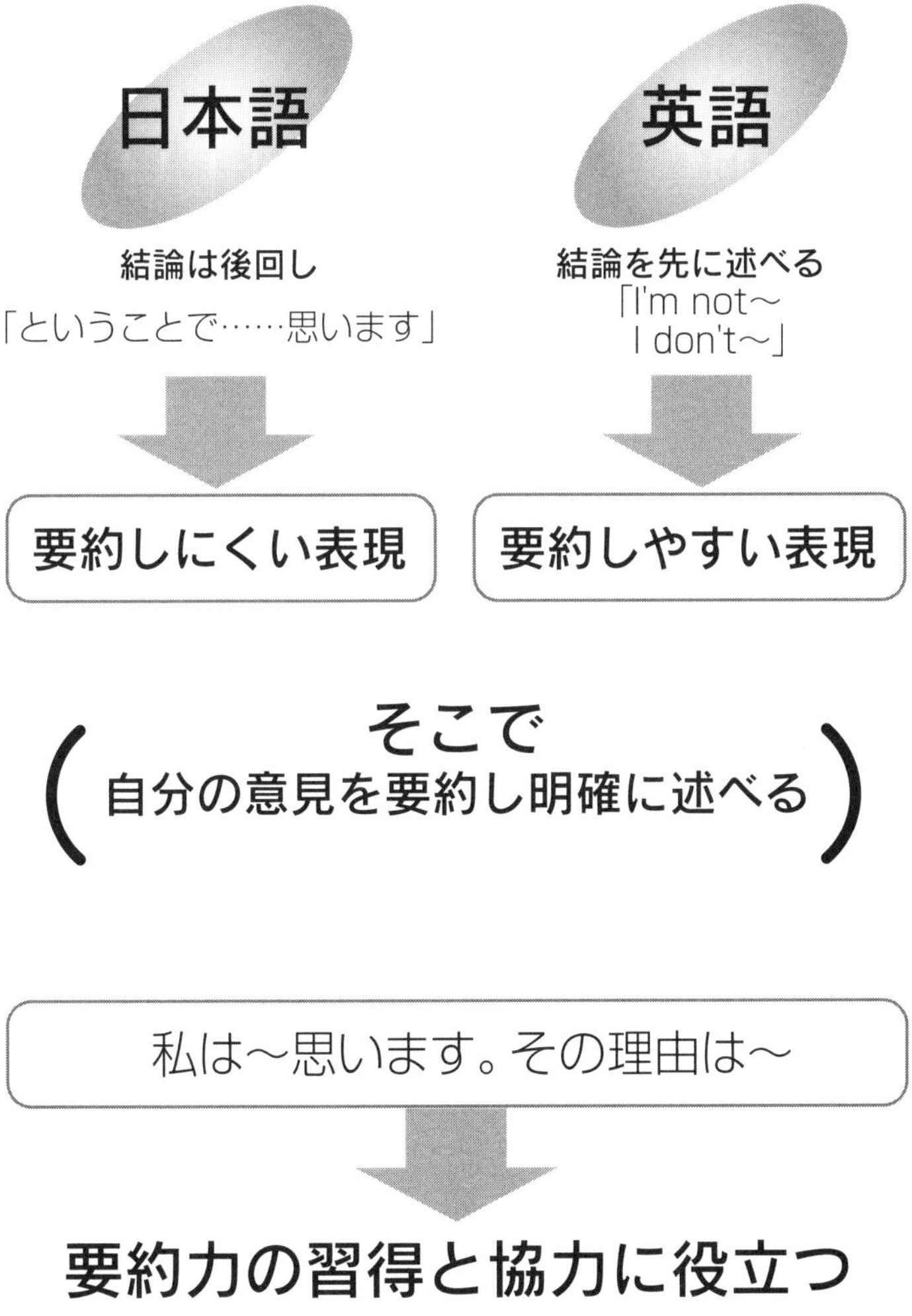

いくら日本語が「あいまいさ」を内包する言語だからといって、言葉や態度のあいまいさは、話の焦点をぼかしてしまいます。どんなにかいつまんで言ったとしても、それはけっして「要約」ではないのです。単なる「話のさわり」とでも言うべきものです。

問題点の所在を明確にしたり、自らの姿勢をハッキリと相手に伝えるには、意見をしっかり要約しておく必要があります。短い言葉で簡潔にまとめ、そのあとで論拠を述べていく。こうした習慣は、要約力を鍛えるトレーニングにもなります。

3 読書感想文がいちばん、なんてとんでもない話

日本語が構造的に要約力とは遠いところにある言語なら、教育の現場でそれを補う必要があります。しかし、実際はまったくと言っていいほど意識されていないのが現状です。皆さんが小学生のときに書かされた読書感想文も、要約力欠如の大きな原因になっているのではないかと私は思っています。

小学校三、四年生の子供が書く感想文は、自分なりに面白かったところをピックアップして、「○○は○○と書いてありました」というようなことをまとめるはずです。これは

立派な要約です。でも、先生はこう言うでしょう。

「これは要約であって、感想文ではありませんよ」

感想文というのは、本を読んで自分がどう思ったか、どう感じたかを書くものです。「日本人は自分の思ったことを表現するのが苦手」という観点からすれば、こうした教育をしっかりしておくべきでしょうし、私も反対はしません。

でも、考え違いが一つあるように思います。文章の要約などできて当たり前といった思い上がりです。要約は、文章の一部をかいつまんでまとめるだけだから、そこには創造的な思考活動がない、とでも思っているかのような考え方です。私からすればそれは、まさに情緒的なとらえ方です。非科学的と言ってもいい。

国語というのは、決して情緒的な学問ではなく、むしろ科学的な学問だと私は思うのです。言葉のつなぎが文章を作る。その文章は主語や動詞、目的語といった、一定のルールに則った要素で組み立てられる。

文章は文脈を作る。文脈は、小説や評論の構造の骨格をなすものです。そして、一つの作品になる。その作品は、筆者の意図する創造の世界が、精緻に組み立てられたものにほかならないのです。要約とはまさに、精緻に組み立てられた創造の世界を、論理的な思考で抽出する作業です。

心情読解重視の国語教育は、その科学的思考としての要約をないがしろにし、ややもすると道徳教育のようなものになってしまいがちです。国語教育と道徳はまったく違うものです。

小説を読んだときに、登場人物の心情読解をすることも、表現力を養うという意味では大切かもしれません。しかし、心情読解はあくまで読み手の主観の入る世界です。それに対して、要約は、主観の入る隙間はありません。筋道を立てて文脈を理解し、情報の優先順位を判断して、エッセンスを絞り込む。その思考作業は、まさに科学的な論理思考と言っていいものです。

認知心理学では、自分の認知状態を、もう一つ高みにある自分の視点で客観的にとらえることを「メタ認知」と言っていますが、要約とは、メタ認知のスタンスで、文章を科学的に分析する作業にほかならないのです。

ちなみに、外国の国語教育では、基本的な文法をきちんとやり、レベルの高い表現ではなく、やさしい文章、論理的な文章の読み書きからはじめます。心情読解よりも、文章を頭のなかで整理してまとめる。それは要約力のトレーニングでもあります。

日本の子供たちは、小学校に入る時点である程度の読み書きができることが多いから、国語教育が心情読解に傾いてしまうのも仕方ないかもしれません。でも、実社会で求められるのは、心情読解よりも要点をつかんで論理的にまとめる能力、つまり、理解の具体化としての要約力なのです。

4　日本的教育システムも要約力不足の背景にある

心情読解重視の国語教育を受けた結果、「高度な小説を読むことが文章読解力を向上させる」と思っている人も多いのではないでしょうか。ある意味でそれは正しいと思いますが、それがすべてではありません。

小説はフィクションであり、作家は表現のためにさまざまなレトリックを駆使します。読み解くのが楽しみという人がいてもいいのですが、それがビジネス現場での要約力に結び付くかというと、さて、どうでしょうか。それよりも、新聞や雑誌の評論記事に接したほうが、情報をまとめる力にはなると思います。

そうした記事には、できるだけ筋道を立てて、客観的な視点から書こうとする筆者の意図がうかがえます。自分の主張を論理的に説明するにはどうすべきか、そのお手本ともいうべき記事に出会うことも多くあります。

日本では、高等教育の現場でも論理的に文章を読み、書くトレーニングがほとんど行われていません。大学のレポートにしても、普通に書けるのはあたり前で、ややもすると、心を打つような文章を書けなどといわれる。心を打つより前に、論理的に構成されたレポートであるかどうかが重要であるのに、そこが見落とされがちです。

レポートの生命線は説得力です。説得力の基本になるのは論理的な思考です。それは、文章を読んで、おおまかな筋をつかみ、論点がどこにあるのかを探っていく、ある種のトレーニングで養われるものです。ところが、心情読解中心の国語教育があたり前になると、そのトレーニングがおろそかになってしまう。その結果、大学生のレポートの多くは、うまく書けているけれど論拠が乏しい、情緒的な内容になってしまうわけです。

アメリカの場合、子供のころから、文章の読み方や、レポートの書き方については基本的なトレーニングをしっかり行っています。その上で、自分の意見をどう持つか、レポートにどう反映させるか、それを、ディスカッション中心の高等教育で伝えていく。

説得力が大切なのは、大学のレポートだけでなく、皆さんが日々接しているビジネス文書でも同じだと思います。「うまく書こう」などと文学的な文章表現にこだわるのではなく、簡潔に要約した文章で、論理的にまとめることを心がけてください。それが、説得力の向上につながることは言うまでもありません。

5　頭の使い方をアンバランスなものにする受験制度

数年前、「分数ができない大学生」が問題になったことを覚えているでしょうか。大学生の約二割が分数の問題を解けなかった。しかも、それが早慶クラスの大学生ということで、ニュースにも取り上げられたのです。

さらに、分数だけではなく、中学三年で習う二次方程式の問題も七二パーセントの学生が解けなかった。二八パーセント、つまり、約三割しか二次方程式を理解していなかったわけです。

早慶クラスの大学に入るのだから、トップレベルの公立・私立高校に通っていた学生も多いはずです。高校入試の時点では、二次方程式を解いていたでしょう。ところが、進学校といわれる高校では、めざす大学や学部によって文系・理系にわけられ、「数学が大学入試にないなら、やらなくていい」となりがちです。私立文系の学部を志望した場合、それなりの名門高校であっても、高校三年間で数学をほとんどやらずに卒業できてしまうのです。

高校での定期試験には、数学をはじめ理数系の科目もあります。でも、大学入試に必要ないとなると、教える側もあまり重視しません。中学三年で習った二次方程式は、高校の間に頭からすっぽり抜け落ちてしまい、結果、二次方程式を解けない大学生が登場するわけです。

大学受験をする人にとって、受験勉強は、一生のうちでもっとも多くの時間と知力を注ぐ勉強のはずです。生涯の学習機会のなかで、最大のイベントといっていい。その〝知の最大イベント〟が、理系・文系という分別のもとに、頭の使い方をアンバランスなものにしている側面があるのです。人間が本来持つべき知力をゆがませていると言ってもいいかもしれません。

私立文系と言っても、経済学部、商学部では数学の知識は当然、必要になってきます。理数は扱わなくても、法学では、論理的な思考が欠かせません。たとえ、文学や歴史学を専攻する場合でも、常に「論理」は付いて回るのです。

にもかかわらず、文系受験の名のもとに、高校時代の授業で理科系科目がないがしろにされるのは、私としてはどうも釈然としないのです。〝知の最大イベント〟であればこそ、バランスのとれた思考能力を問うべきなのです。

その中でも、ぜひとも考慮してほしいのが、論理力であり、その基礎的な知力のもとに生まれてくる要約力なのです。

6　二〇〇九年を境にますます要約力が低下する!?

小学校の心情読解中心の国語教育からはじまり、高等教育機関まで、日本では要約力のトレーニングが不足しています。論理的な文章を少しでも読んでいれば、それなりの要約力は身に付くはずなのに、活字離れどころか文字離れという状況さえも起こりつつある。特に世代が下がるほど、要約力不足の問題は深刻になっています。

そんな日本で、論理的思考のトレーニング、要約力養成の最後のトリデだったのが、受験勉強だったと思います。しかし、その受験勉強という「抑止力」も効力を失いつつあるのです。

少子化により、現在でも大学に入りやすい状況となっています。具体的に言うと、一五パーセントがFランク校、いわば名前を書くだけで入学できるような大学です。Fランク校というのは、志願者が入学定員の一・五倍未満の大学を指し、どこの大学も定員の約一・五倍の合格者を出すものなので、Fランク校イコール、誰でも入学できる大学と言えます。

ところが、このままいくと二〇〇九年には、大学全体の入学定員と志望者数が逆転します。少子化によって定員を志望者が下まわってしまうのです。これが「二〇〇九年問題」です。

二〇〇九年問題が発生すると、Ｆランク校が全体の四～五割になり、それ以外の大学でも、入学定員を確保するために推薦入学枠をどんどん増やすでしょう。するとどうなるか？ 当然ながら、受験の必要がなくなります。実際、二〇〇九年以降は、およそ二割の大学でしか入学試験が行われないと言われているのです。

日本の教育・学習体系の中で、論理的な文章の読み書きや、数学的な発想、つまり要約力の下地となる知力を試すべき〃最大イベント〃が、その本来の役割を果たせない事態になりつつあるのです。誰も指摘しませんが、私はとても危機感を持っています。要約力をテーマにした本を出そうと思った背景には、迫りつつある二〇〇九年問題の存在もあるのです。

教育現場はあてにならず、受験圧力も消える。そうした状況で要約力を身に付けていくには、やはり家庭でのコミュニケーション環境、さらには社会人になってからの個人の意識の持ちようが大きく影響していきます。幸いなことに、要約力は一部の才能ある人間にだけ授けられる能力ではなく、基本的に誰でも手にできるものです。

その習得に向けた努力は、決して今からでも遅くはないのです。

7 TVゲーム、ケータイメールが「要約脳」をむしばむ

「ゲーム脳」という言葉を、ご存知の方もいると思います。脳神経学者の森昭雄・日本大学教授がとなえた言葉です。

高齢者の痴呆症を研究していた森教授は、TVゲームを頻繁にやる小中学生や高校生の脳波が、痴呆症と同じ状態になっていることを発見しました。脳波にはα《アルファ》波やβ《ベータ》波などいくつかの種類がありますが、そのうち、脳が一定の緊張を持ち、盛んに思考活動をしているときに現れるβ波が、ゲーム愛好家の少年たちでは著しく低下していたのです。

通常、目から入った情報は視床という脳の器官を経て、後頭葉にある視覚野という部分に伝わります。ここからさらに、思考や記憶、感情の制御といった高度な精神活動を司る前頭葉の前頭前野に情報が伝わります。その情報をもとに、次の動作などを決定する命令が、前頭前野から運動野に伝えられ、運動野からの情報が脊髄を通って手足の筋肉などを収縮させ、からだ全体の動きとなるわけです。

ところが、〝ゲーム脳人間〟の場合は、視覚野に入ってきた情報が前頭前野に伝わらず、直接運動野に伝えられてしまう。ゲーム画面を見たときに、考えるまもなく、コントロー

ラーをもつ指がパッと反応してしまうのです。この状態が恒常的に続くと、いつのまにか前頭前野が使われなくなる、つまり思考停止状態に陥り、思考活動の証となるβ波がほとんど出なくなってしまうというわけです。

これは、背筋が寒くなる話です。じつは、もっと恐ろしい結果が、森教授の実験で明らかになりました。TVゲームだけでなく、ケータイメールを頻繁に使う高校生を対象にした実験でも、ゲーム脳の現象が現れたのです。

若い人たちのケータイメールの打ち方を見ると、略語や絵文字を使うなどして、一見うまく〝要約〟をしているようにも見えます。しかし、あれはその場その場で頭を使っての要約ではなく、単に思考を省略した記号でしかない。TVゲームでコントローラーを操作するときと同じように、感覚的に指が反応しているだけなのです。

メール本文の記述を見ても、漢字の変換操作をいちいちやるのが面倒なのか、通常書く文章に比べたら、はるかにカタカナ、ひら仮名の多い、いわば稚拙な文章になっています。もとより、おしゃべり感覚でメール文を打ち込んでいるのですから、そこには文章を書くなどという緊張感は当然ありません。

緊張感のなさというか、精神状態が散漫になっているのは、メール受信のときの反応からもうかがえます。メール受信を知らせる光の点滅や音楽が流れると、相手と話していようが、意識がケータイの方に向かってしまうのです。

あの表情や視線の動きを見ていると、ＴＶゲームでモンスターキャラが現れたときに、とにかくコントローラーのボタンを押しまくる姿がダブって見えてしまうことすらあります。最近は、そのケータイの小さなモニターで、ゲームそのものに興じている若者を、電車で見かけることも多くあります。

携帯電話は、Ｅメールという新たなコミュニケーション機能を持つことで、若者の間に爆発的に浸透しましたが、そこで行われているコミュニケーションは、通常の意思疎通の際に行われる思考活動とはちょっと違ったものと言えそうです。

メールとはいえ、文章を読み書きすることは、本来なら高度な思考活動が伴うはずです。しかし、思考する前に、感覚的に指が小さなボタンを押しつづける。ものごとを論理的に考えたり、要約強化のために頭を働かすといった思考習慣は、そこにはない。

最近では、高校生は言うにおよばず、中学生でもケータイを持つ子供が多くなっていきます。ＴＶゲームをしすぎることを注意する親御さんは多いでしょうが、ケータイが頭脳に与える悪影響を心配する親御さんはどれだけいるでしょうか。それがひいては、要約力という、これからの大人社会でも必須となる能力の醸成を妨げるものだとしたら……。

ぜひ、一考をお願いしたいところです。

8　「右へならえ」の会議・レポートでは要約脳がしぼむ

要約力を養うトレーニングが不足していると、重ねて強調してきました。それを別の視点から見ると、「日本の社会では要約力があまり必要とされなかった」という言い方もできます。理由の一つは、日本人に競争意識が希薄だったからではないでしょうか。

大学受験にしても、志望校を決める前に「自分の学力で入れそうな大学」はだいたい見えてきます。そうした大学をいくつか受験し、少し上のランクの大学には「受かればラッキー」という意識でいるはずです。大学の数が多いから、一つの大学によほど固執しない限り、ほとんどの人が大学生になれます。

就職に関しても、バブルが崩壊するまでは、基本的に「選り好みしなければどこかに就職できる」時代が長く続きました。そして、入社した会社の多くは、業界内のもたれ合い、または行政による保護などで、競争を強く意識しなくても給料とボーナスがもらえ、なんとか生活できました。

そういう安定した社会では、まず、周りと協調する資質が重視されたはずです。「協調」と言うと聞こえはいいですが、言い換えれば、日本社会独特の「なれ合い」にすぎません。

ビジネス社会では、レポートも会議も形式的なものになりがちです。「上がうるさいから、とりあえず形だけ」のレポートを提出し、トップ、またはリーダーの意向を拝聴するために、会議に出席する。何か新しいものを創造するためではなく、社内の協調を乱さないために、形式的なレポートや会議があたり前になっていたのではないでしょうか。

特別なことをしなくても利益が出る、右肩上がりの状態ならそれでいいのかもしれません。しかし、今、そしてこれからのビジネス社会では、そのやり方は通用しないことは言うまでもありません。

大切なのはスピードです。

決断するのも、また変更するのも、スピードを意識しなければ、社会の変化にはついていけません。

そのビジネス行動のスピード力を加速させるのが、いろんな分野の要約情報です。でも、自信を持って立ち上げた企画が、必ず成功するとは限りません。そんなとき、失敗から学び、新しい提案をするために必要なのもまた、要約力なのです。

要約力は鍛えられます。

そして、一人ひとりが独自の要約力を持ってはじめて、組織を変える力にもなるのです。

9 「情報の洪水」を言い訳にしてないか?

引き出しの数を増やし、そこに多くの要約カプセルを入れておく。そして、必要なときがきたら取り出して、「これはこう使える」「こんな考え方もできるな」と応用するのが、正しい要約力のあり方です。当然、要約カプセルの数が多いほど、いろんな側面から考察できるようになります。

「簡単に数を増やすと言うけど、それがむずかしい」と思うかもしれません。前述のように、現代の情報社会は、使える情報と使えない情報が玉石混交、何を取ればいいのか、その判断がむずかしいと感じる人は多いでしょう。

それは一理あります。でも、少し手を伸ばせばいろんな情報ソースが身近にあるわけですから、「情報の洪水」を言い訳にはできないと私は思います。

ポイントは簡単なことです。それは、面倒くさがらないこと。要約の強化を特別なことと考えるから、むずかしく思えてしまうのです。習慣にしてしまえば、ほんのちょっとしたことで、引き出しのなかに要約カプセルを放り込んでいけるはずです。

テレビのニュース、新聞や雑誌の記事を読んでいて、知らない言葉が出てきたとします。

そんなときは、『現代用語の基礎知識』でも『イミダス』『知恵蔵』でも使って、その言葉を調べてみるだけの話なのです。

「なるほど、こういうことか」と自分なりに要約しておけば、次にニュースを見たり、記事を読んだりしたとき、大まかな構造がなんとなくつかめる。たったこれだけのことでも、面倒がらずに習慣化すれば、あなたの要約力はどんどん強化されていくのです。

そうした用語辞典を会社でいちいち引くのは面倒だし、どこにあるのかわからないという場合は、CD-ROMバージョンを用意しておけばいいでしょう。何かあったら、パソコンでちょっと検索する。むずかしいことではないはずです。

要約力は、「特別な能力」ではありません。

パソコンのデスクトップに、一つ一つのファイルをバラバラに置いておく人は、あまりいないと思います。フォルダを作り、関連するファイルをそこに入れておくでしょう。

要約の第一段階も、まずそこから始まるのです。

頭のハードディスクにフォルダを作り、ファイルを整理する。整理をこまめにしていれば、新たな要約情報が入ってきたときに、関連するフォルダ名やファイル名がすぐ思い出せる。その「関連づけ」が生じたときが、今度はもう一歩進んだ要約の第二段階「要約の強化」の始まりなのです。

10 要約力の欠如したトップが組織をダメにしてきた

繰り返し述べてきたように、日本人の要約力の欠如は、日本語の特性や教育システムにも一因があると言えます。いわば〝日本人の体質〟のような側面もあるのですが、若い世代であれば、これから要約を意識的に使うことで、自らのキャリアを高めていくこともできるでしょう。

問題は、要約力が欠如したまま、行政や経営の責任ある立場になってしまった人たちです。

組織の中枢にいる人や責任者に、状況を的確に判断する要約力がなければ、スピーディな意思決定もできない。たとえ意思決定したとしても、組織内に伝達するべき情報の要約力を持たなければ、方針が的確に行き渡らない。

伝達情報の中でも、結論ばかりが先に立って、その意図や方法論が的確な要約情報として伝わらなければ、現場には混乱が生まれ、ストレスを鬱積《うっせき》させることにもなる。結局は、「こうあらねばならない」という硬直化した考え方だけがはびこってしまうのです。

これでは、組織の活力も、難局を乗り切る問題解決力も生まれてきません。

要約の第一段階までのステップ

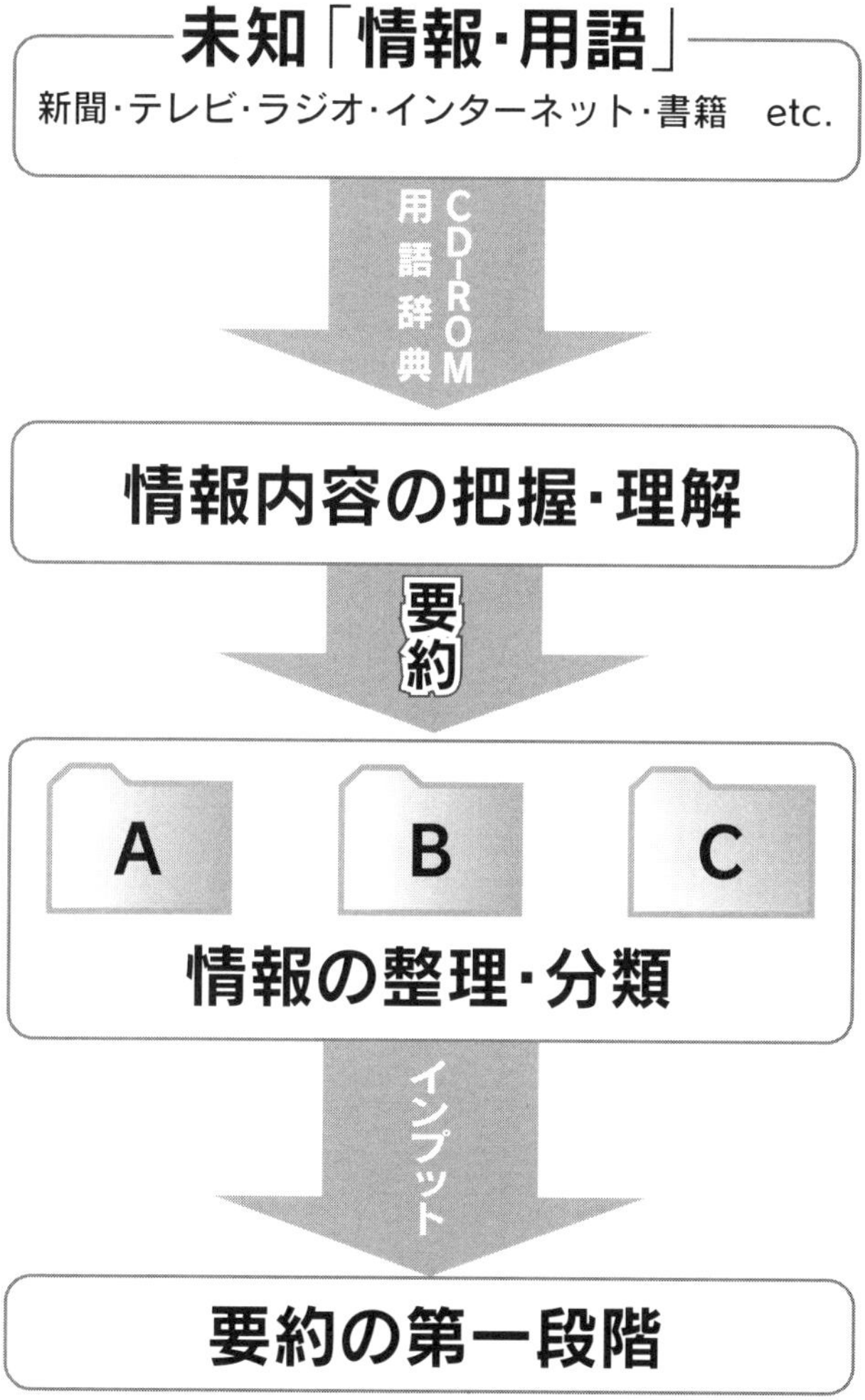

トップはおろか、その下で支える幹部や中間管理職、はては末端のスタッフ一人ひとりに至るまで、前例主義、ことなかれ主義が横行し、組織としての力は縮小均衡型の道をたどらざるをえません。

こんな組織の風土があたり前になってしまうと、万が一、経営トップや幹部が間違った判断を下しても、誰もとがめる人間がいなくなる。なんらかの形で問題が露見しても、組織の体質を改善するには相当の労力と時間がかかる。それは、頻繁に起きる企業不祥事を見れば明らかでしょう。

官僚組織においても同様です。ごく当たり前の市民感覚からすれば、ムダとしか思えない予算の使い方なのに、その常識感覚が通用しない。組織を防衛する感覚だけが、行動基準になってしまうのです。なんの検証精神のカケラもないまま「ゆとり教育」を推し進めてきた文部行政も根は同じでしょう。

もちろん、組織内で守られてきた秩序や習慣といったものがすべて悪いわけではありません。そこには、時間をかけて醸成され、先達から受け継がれてきた「知恵」もあり、これは要約力のかたまりとも言えます。しかし、その要約情報が、時代に合わなかったり硬直化したものになっていたとしたら、すぐにでも新たな要約情報にバージョンアップすべきなのです。

組織改革には、民間企業ではよくコンサルティング会社の力に頼ることがありますが、大企業であるほど、依頼先としても大手のコンサルティング会社を選ぶことが多いはずです。大手に依頼すること自体、間違っているわけではありませんが、「大手に任せておけば大丈夫だろう」という、その発想自体が、コンサルティングや改革という問題に対する正しい要約ができていない証なのです。

考えてみれば誰にでもわかるはずですが、何が正しいのかは、いろいろと試してみなければわかりません。経営はある種の科学であり、仮説・検証を繰り返しながら、進むべき道を探るものだと思います。なのに、「大手だから正しい」となってしまう。大企業にその傾向が強く、もし失敗しても「大手でだめなら仕方ない」と、高いコンサルティング料を支払っているのではないでしょうか。

さまざまな意見を取り入れて、総合的に判断するのが真の要約力です。大手だけでなく、規模は小さいけれど優秀なコンサルティング会社からも幅広く意見を募って、改革に向けた的確な要約情報を得ていく。それが、正しい組織改革の姿勢のはずです。

さて、今のあなたの会社はいかがでしょうか？

11 政策運営に「やってみなはれ精神」がなさすぎる

賛成・反対、いろんな意見があるでしょうが、私は、地方への税源移譲など地方分権政策は基本的には推し進めたほうがいいと思っています。

理由は単純明快、「もっといろんなことが試すことができるから」です。

しかし、地方に権限・権益を持つ関係省庁や、そのバックに控える族議員らの政治家たちの発想は、私から言わせれば、単眼思考のかたまりとしか言いようがありません。目先の利益や地位の確保にばかり目が向き、日本という国の十年後、二十年後のビジョンを持とうとしない。

小泉首相が税源移譲、地方交付税見直し、補助金削減の「三位一体」での改革を打ち出しても、財務省は税源移譲に腰が重い、総務省は地方交付税を堅持したいと考えている。さらには、多額の補助金をもつ厚生労働省や文部科学各省は、補助金カットに猛反発する。三位一体どころか、てんでバラバラの状態。省益の確保ありきという発想だけが先走っていたのが実情です。

省益や利権のことはおくとして、これまでの中央主導の画一的な行政や、地方自治体の首長を国の下部機関の支配人とでも見なすような行政構造が、地方の〝受け身自治体質〟を作り、ひいては地方独自の創意工夫や活力を奪ってきた傾向はいなめません。革新的な知事や市長が誕生しても、中央省庁に握られた権限の壁が立ちはだかって、いかんともしがたい現実があるのです。

一方で、本来なら地方に移譲してもいい権限と機能を国が抱えてしまい、むしろ急がなくてはいけない国際社会への対応などに手がまわらない。中央官庁の官僚にとっては、なんとも皮肉な状況が生まれているのではないでしょうか。

「やってみなはれ」

こう言ったのは、サントリーの創業者・鳥居信治郎さんです。

二代目社長・佐治敬三さんがビール製造進出を決意する際、父の鳥居さんに相談したら、返ってきた言葉が、「やってみなはれ」でした。

新しいことはやってみなければわからない、失敗を恐れるな――。

そんな「やってみなはれ精神」は、今もサントリー社内に脈々と受け継がれているといいます。

固定観念に凝り固まった中央省庁の官僚には、この「やってみはなれ精神」がまったくないと言っていい。

国や地方自治の根幹に関わる問題を、そうそう簡単に片づけることができないことは、私も重々承知しています。しかし、そうではあるけれど、あまりにも日本の役人や政治家には、「やってみなはれ」がなさすぎる。新しいプロジェクトへの挑戦意欲より、失うものへの危惧と保身意識が先に立つからです。

手詰まり感の強い経済運営についても、この「やってみなはれ」という精神が、今は必要なのではないかと、私は思います。

政権が変わるたびに、景気対策としてきまって出てくるのは「減税」政策です。でも、消費税を上げて直接税を下げれば景気がよくなるのか。

逆に、消費税を下げて直接税を上げたほうがいいのか。どちらが効果的なのか、基本的にはやってみなければわかりません。

これまでは「直接税減税」が景気対策の切り札としてあがめられてきましたが、その成果は出ているでしょうか？

一九九九年には、かつて七〇パーセントだった所得税の最高税率が三七パーセントにまで引き下げられましたが景気はよくなったでしょうか？

成果が出ないのなら、他の方法を試してみればいいのではないでしょうか？

しかし、中央政府が単眼的にしかものを考えられないと、「減税すれば景気がよくなる」

という考えから離れられなくなってしまうのでしょう。

これは私から言わせれば、為政者の要約カプセルの欠如です。

政府内部では、当然のことながら、さまざまな政策論議が行われてきています。政策に関する要約情報は山ほどあるし、論議もしつくされている。それなのに、あまたある要約情報が、強化された要約として実際の経済運営に結びつかない。

いったいなぜなのでしょうか？

つまり、「仮説」を試そうという果敢な意欲がないからです。

過去の政策に対しても、もっと詳細に、緻密に「検証」してみよう、という実証精神もない。そして、失政をしてしまったら、それをすみやかに「修正」しようという柔軟な姿勢をも持てないまま、今日に至っているのです。

仮説、検証、修正、いずれも、要約の強化には欠かせないプロセスです。

この要約強化の方策をとらないまま、いくら政策論議を重ねたとしても、景気回復に効く要約カプセルにはならないと、私は思います。

第3章

要約力アップのために「強化の基本原則」を身に付けよう

1 要約力は、意識の持ちようで誰もが身に付けられるもの

第1章で要約力がこれからの時代でいかに大切なものか、2章ではなぜ日本人が要約ベタなのかを探ってみました。この章では、日本人がその「要約」と向き合うときの基本原則を考えてみたいと思います。

まず基本認識として、要約力は決して天性のものではないことをしっかりと頭に置いていただきたい。別な言い方をすれば、ちょっとした意識の持ちよう、考え方、日々の習慣などで、要約力は誰にでも備わっていくということです。

現にこの私が、日々の意識の持ちようで、要約についてのノウハウ、ドゥハウがずいぶん身に付いてきています。

2章では、日本人が要約ベタの理由として、日本人固有の精神性や言語的な側面からの指摘も行いましたが、もとよりその精神性や日本語が崩れかけている今、さらには、社会経済的にもさまざまなひずみが現れている今こそ、もう一度一から、ものの考え方を構築しなおすチャンスとも言えるのです。そのキーワードが「要約」というわけです。

たとえば、新聞や雑誌、テレビなどのマスコミ媒体や、インターネット、あるいは人と

の対面場面で私たちはさまざまな情報に接するわけですが、そのとき、ちょっとした一言が頭をよぎれば、要約思考が働くことになります。

「なぜだろう？」

「そういえば……」

「とどのつまりは……」

「でも、本当にそうなの？」

「なるほど」

こんな一言で、自問したり感嘆したり。その習慣一つで、あなたの要約力はこれまでとは少しずつ変わっていくはずなのです。

習慣という意味では、日記をつけたり、要約ノートとも言うべきメモ帳を常に持ち歩いたり、あるいは相手との会話で意識的に相手の言葉を繰り返して確認するといったことだけでも、あなたの頭脳の〝要約機能〟は強化されていくはずです。

つまり、「要約」に意識的になるかどうかだけで、ガラリと違ってくるというわけです。ゆえに、要約力とはけっして一部の才能に恵まれた人だけのものではなく、誰もがその気になれば手に入れることができるものなのです。

2 自分なりの「フィルター」を通すことを忘れない

第1章で、要約には、ストックとしての要約情報を仕入れる第一段階と、フローとして流通価値（付加価値）が出てくる第二段階があると述べました。より重要なのは、第二段階の要約なのですが、その第二段階の話に入る前に、第一段階の要約の基本原則について触れておきましょう。

たとえば、一定量の文章量を持った情報を目の前にしたとき、あなたは第一段階の要約として、情報のエッセンスをストックしようとします。そのとき、文脈のなかにある情報価値の軽重感が問われます。情報の軽重感を問うのは、情報の提供者や筆者ではなく、あくまで、読むあなた自身になります。

つまり、どんなに長い評論であっても、あなたにとって関心や情報価値のあるものでなければ、要約後の情報は、たった一行の文章やワンフレーズで済む場合もあるのです。別の言い方をすると、第一段階の要約では、情報に触れる際のあなた自身のフィルターが必要になるということです。あなたなりの関心度、視点、知識、想像力、連想といったフィルターを通して情報を咀嚼《そしゃく》することが大切なのです。

具体的な例をあげてお話ししましょう。

たとえば、週刊誌の新聞広告や電車の中吊り広告で、「スクープ！天下り極秘リスト入手！」といった、センセーショナルなタイトルが踊っていたとしましょう。天下り問題については、あなたも日頃から関心を持っていた。タイトルにつられて、その週刊誌を買って読んだとします。

こんな記事の文脈としてよくあるパターンは、「極秘リスト」にたどりつくまでの、前段部分が長々と続くことです。天下り問題に関する審議会の進捗状況を改めて記したり、その週刊誌でこれまでどんな追求キャンペーンを展開してきたかなど、記事の一番オイシイところに持っていくまで、とにかく気を持たせるのです。業界用語ではこのような文脈構築を「引っ張る」などといいますが、四ページなり五ページなりの記事を構成するために、周知の話を含めて〝前説《まえせつ》〟を延々と続けるのです。

天下り問題にこれまであまり関心のなかった人や、その週刊誌の追及キャンペーンをこれまで一度も読んだことのない人にとっては、その〝前説〟もそれなりに情報価値があるかもしれません。

しかし、あなたがその週刊誌の追及キャンペーン記事をこれまで読んだことがあったり、天下り問題についてもそれなりの情報を蓄えていたとしたら、一刻も早く知りたいのは、

「極秘」と銘打ったリストの中身であったり、その信憑性《しんぴょう》であったりするはずです。記事の中身としては、後段の盛り上げどころにある情報さえ知ることができれば、それでよいのです。

この場合、記事の概略といえば、前段の前説部分を含め、リストの中身、そのリストに対する識者のコメントなど、全般的なあらすじということになります。しかし、天下り問題に対する関心やこれまで得ている知識など、あなたなりのフィルターがあるのであれば、あなたにとっての記事の要約とは、新たに知りえた事実とその事実の信憑性を物語る記事要素だけでいいわけです。

誰かに、その週刊誌記事の概略をていねいに伝えてあげるというなら話は別ですが、あくまであなた自身のストックとしての要約情報を蓄えるのが目的なのであれば、要約は自分にとって必要最小限のものだけでいいというわけです。

記事の読み方としても、前段部分はほとんど読み飛ばしてかまわない。ページ全体を目で追って、本文中の見出しで目鼻をつけたり、「さて、そのリストの中身だが……」といった文章に目をとめて、それ以降をじっくり読めばいいだけの話です。それ以上の時間を使う必要はさらさらないのです。

3　要約情報は、最初に記憶ありきではない

さまざまな情報媒体や人から得る情報を自分なりのフィルターにかけて、ポイントとなる情報だけをストックする――それが第一段階の要約ですが、ここで、一つ注意しなければならない点があります。

要約は記憶なり、という勘違いです。次から次に仕入れた要約情報をとにかく記憶する、それが要約の要諦だと思う人もいるかもしれません。しかし、記憶力は加齢とともに劣っていくものです。それに対して、要約力は人生のキャリアを積んでいけばいくほど、高まってくるものと言えるのです。

脳科学的な観点からお話ししてみましょう。

人間の脳には千億個の脳細胞があり、一日に十万個死んでいくと言われています。「十万個も死ぬ」と聞くと、ゾッとしないではありませんが、しかし考えようによっては、「十万個しか死なない」と見ることもできるのです。

一日十万個ですから、千日、約三年で一億個、三十年経てば十億個という計算になります。たしかに想像を絶するような膨大な数ですが、もともとの脳細胞が千億個なので、三

十年で死ぬ数は全体のわずか一パーセントにすぎないのです。

しかし、多くの脳細胞が死滅する一方で、脳の中では、活発なネットワーク作りが進んでいるのです。神経細胞がニューロンといわれる突起を伸ばして、細胞同士をつなぎ合わせているのです。このネットワークこそが、高度で複雑な頭脳活動を支える基盤と言ってもいいのです。

英単語や年表の年号の丸暗記は、脳への記憶情報の強引な詰め込みですが、同じ英単語でも、好きなミュージシャンの歌詞に出てくる単語として触れたものは、脳の引き出しから出てきやすい記憶ということになります。ミュージシャンの英単語の発音、その歌詞に込められたメッセージなど他の要素と関連付けられて記憶情報となるのです。それは、これらの情報の方が、脳神経細胞のネットワーク化が有機的なものだから、と考えられています。

歴史の年号についても同様のことが言えます。語呂で覚えるのは単純な記憶方式で、無理に脳神経細胞のネットワークを有機的なものとする苦心の作です。その語呂合わせよりさらに効果的なのは、同じ年に起きた他の歴史的な事件、その事件にからむ重要人物の人物像、あるいは前後の年に起きた関連事件などとともに覚えることです。

この有機的なネットワークとして記憶情報が埋め込まれると、たとえ即座に英単語や年

要約情報は関連づける習慣を

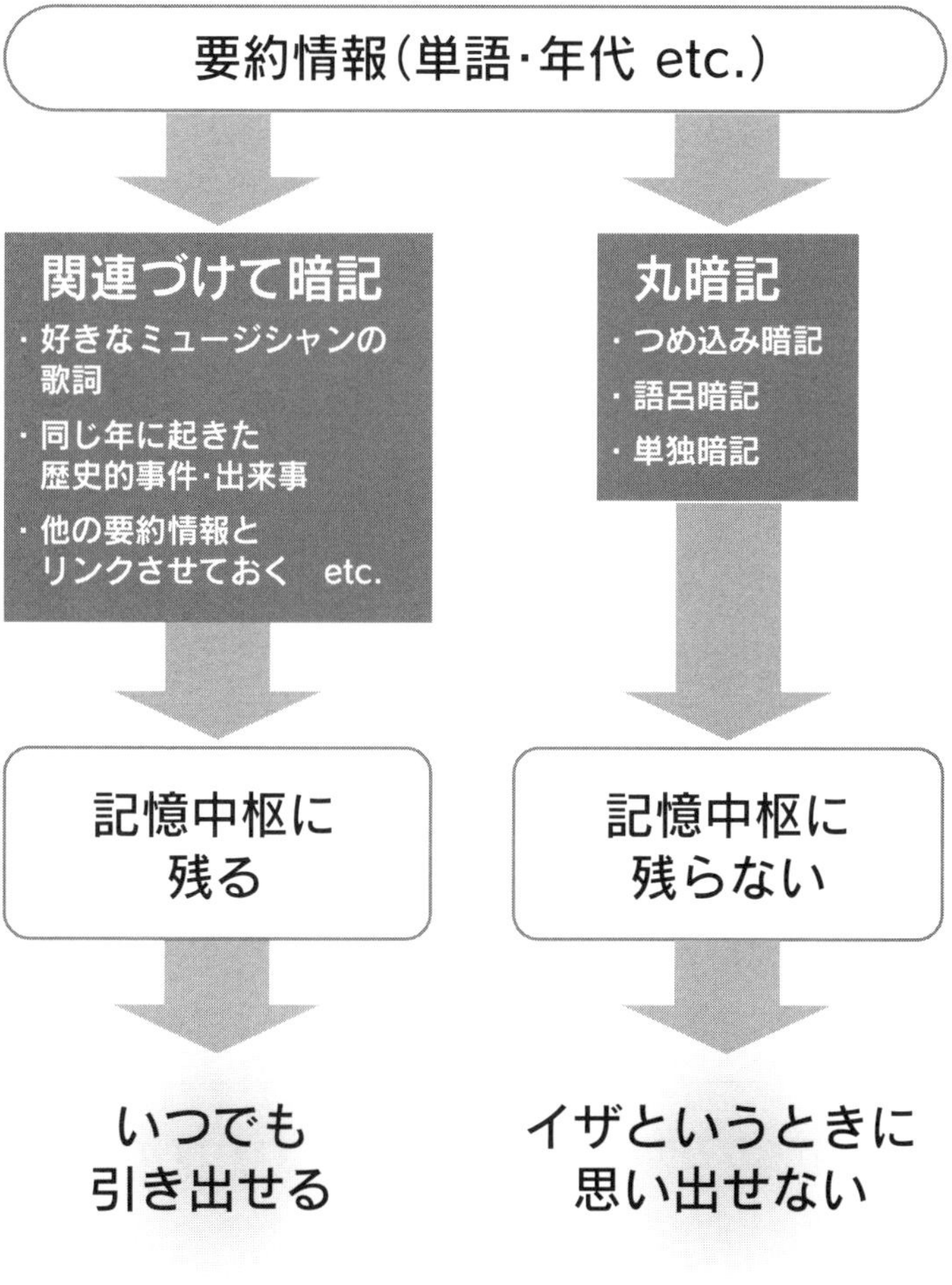

要約情報（単語・年代 etc.）
関連づけて暗記
・好きなミュージシャンの歌詞
・同じ年に起きた歴史的事件・出来事
・他の要約情報とリンクさせておく　etc.
丸暗記
・つめ込み暗記
・語呂暗記
・単独暗記
記憶中枢に残る
記憶中枢に残らない
いつでも引き出せる
イザというときに思い出せない

号が呼び戻せなくても、周辺情報への連想をとっかかりにして、目的とする記憶を抽出することができるようにもなるのです。

第一段階の要約においても、この〝知のネットワークの原則〟が当てはまります。単に概略やサマリーを頭に叩き込むのではなく、かつて得た要約情報と関連づけたり、自分の関心テーマと強く結び付けようとしたり、そんな意識を持つだけで、第一段階の要約情報はより強固なものとなり、ひいてはより使える記憶情報としてしっかりとストックされるのです。

ちなみに、これまでの脳科学の世界では、「脳神経細胞は一度死ぬと再生せず、脳自体も縮んでいく」と考えられてきました。ところが、イギリスの認知精神医学者マグワイヤの研究によると、年を取っても、脳を使っていれば神経細胞は増えるということが示唆されています。もちろん個人差もあるでしょうが、原則として、人間の脳はそれほど簡単には衰えないようです。

つまり、「脳を使っていれば」という前提条件がつけば、人間の記憶力の低下もある程度防げるということです。この「脳を使っていれば」という言葉は、「要約習慣をもっていれば」という言葉に置き換えることができるのです。

４　常に論拠に眼を光らせる思考習慣を持つ

なぜ日本人が要約ベタかを述べた第２章で、「論拠を求めない日本人」の特性について触れました。これは、コトを荒立てず、和をもって尊しとする日本人独特の精神性からきているものです。

「なぜ、そうなんですか？　その根拠は？」

部下や後輩ならいざしらず、対等な関係にある相手や、目上の人、あるいは取引先など気を使う相手に対して、面と向かってそう問いただしたのでは、相手の心を逆なでしてしまう。そんな日本人の感性が、あいまいさを許す土壌を作ってきたのです。

しかし、あいまいさによってもたらされる平穏が、グローバル化が進む国際競争社会や高度情報化社会の中で崩れかけていることは、前述したとおりです。それはなにも、政治やビジネスの国際舞台を念頭に置いた話だけではありません。日々の業務や意志決定においてもさまざまに自己責任が問われ、あいまいな思考や行動が通用しなくなっていることは、皆さんも感じているはずです。

メディアやまわりの人間から情報を仕入れる第一段階の要約においても、論拠を常に意識することは大切です。かといって、短絡的に、相手の心証をそこねてまで、常に論拠を問いただせと私は言っているのではありません。つまり、ものの言い様だということです。相手が目上の人なら「もう少し詳しく教えてください」とさりげなく言えばいいだけの話なのです。

むしろ心すべきは、自分自身への問いかけです。読者や視聴者に一方的に流されるマスメディア情報は、その場で「なぜ？」と思っても、よほどのことがない限り、情報発信側がすぐ答えてくれるわけではありません。

情報発信者側への問い合わせなどより、むしろ大切なのは、読者や視聴者であるあなたが、常に「論拠を求める」眼や耳を持っているかということです。

先般のイラク戦争のとき、首都バグダッドへの米英軍の侵攻がやや停滞すると、メディアはこぞって戦争の長期化を予想しました。しかし終わってみれば、戦端を開いて二十日余りでバグダッドが陥落したのです。

各メディアは、砂嵐や、民兵組織によるゲリラ戦に手を焼きそうだとか、長く延びた補給路の安全確保がウイークポイントになるなど、それなりの論拠を示しました。しかし、バグダッド陥落とフセイン政権の崩壊は拍子抜けするほど早く訪れたのです

私たちは、論拠を求める姿勢を持つと言っても、戦争という非日常世界の出来事に関し

ては、とりあえずメディアの論拠に頼らざるを得ません。それは仕方ないにしても、少なくともその論拠を頭に留めておくことが大切なのです。

客観報道を旨とするマスコミ情報にも、ミスリードは当然ありうる。その基本認識のうえに立って、一つ一つの記事に接するときに、この情報や論評は何を論拠としているのか、その眼を光らせながら読むことが大切なのです。

新聞報道では、論拠を言うときに「～とされる」などと、平気で伝聞表現を使う場合があります。論拠のあやふやな記事には、大きく見出しで打たれている表現が、要約情報として刷り込まれないように注意すべきでしょう。

メディア情報に接したときの第一段階の要約においては、常に論拠に眼を光らせる――この原則は、あとで述べる第二段階の要約、つまり自分なりに強化された要約情報を持つときにも重要な原則です。エッセンスとして要約した情報を集約し、自分なりに仮説を立てるような場合、自分の仮説にはたして論拠があるのか、それを常に検証する姿勢も大切になってきます。

この仮説の論拠の検証については、第二段階の要約の原則として、のちほど詳しく述べることにします。

5　要約力のアップに、批評家精神は欠かせない

マスメディア情報の論拠に眼を光らせたり、自分自身の仮説についてしっかりした論拠を見出そうとする姿勢は、おのずと、論理的な思考を養うことになります。その論理的な思考は、強化された要約情報をアウトプットするとき、たとえばプレゼンテーションなどで説得力を高めるのに効果をもたらします。

ただし、ここで言う論理的な思考とは、相手を説得するための、その場限りの理屈という意味ではありません。決して哲学者のような「真理の追究」である必要はないのですが、自分なりの尺度で、誰に対しても言うことのできる論理でなければなりません。ひらたくいえば、一本スジが通っていることです

スジを通した論理を貫くためには、常に批評家としての視点と姿勢を持つことが大切です。これは、情報の発信者側が大マスコミであろうと、職場の上司や学識者など権威のある人であっても、忘れてはならない基本姿勢です。

論拠を求める姿勢でもお話ししたように、目の前の相手に対して辛口批評を心がけよ、などと言っているわけではありません。その批評眼を常に胸に秘めておくこと、それが大

切なのです。

ことに組織の対人関係の中で得る情報は、批評眼を常に持っていないと、属人的な要約情報として自分にインプットしがちになります。属人的とは、情報の内容より、情報の発信源である人の方に影響を受けてしまうということです。

つまり上司であれば、「部長の言うことだから」と、発言内容の吟味を棚にあげて、要約情報として丸ごと鵜呑みにしてしまうということがありうるのです。上司という属性が、あなたの批評眼を鈍らせ、ひいては自分自身のフィルターにかけない情報を、要約情報として記憶中枢に植えつけてしまうことになるのです。

同様の属人的な要約は、あなたが生理的にウマの合わない人や、日頃から距離感をもっている人から情報を得るときにも起こりえます。極端な話、「坊主憎けりゃ袈裟《けさ》まで」と、本来持つべき批評眼が単なる偏向的なものになってしまう危険性があるのです

属人的の反対は、属事的ということになります。つまり、人によらず、事の本質で判断するということです。提言や企画案、改革案など、その中味を批評家としての眼で見極め、その良し悪しを自分なりに判断して重要ポイントを把握する、これも第一段階の要約では大切な基本原則と考えておくべきでしょう。

6 複数の情報を関連づけることによって要約は強化される

ここまでは主に、メディアや対人関係の中で得る要約情報をストックとしてインプットする第一段階の要約を中心にお話ししてきましたが、ここからは、いよいよ第二段階の原則です。つまり、一次的な要約情報を、次のステップとして「強化」する段階での基本的な心構えです。

まず、複数の要約情報を常に関連付けることによって、要約情報はさらに強化されることを十分に認識しておくことです。

たとえば、東京の六本木ヒルズが華々しくオープンしたというニュースに触れたとします。

報道では、「総事業費二千八百億円、十七年の歳月をかけた、民間では国内最大規模の再開発」だと言います。

私ならこの記事を読んだときに、ちょっと前に見た、都市再生の国家プロジェクトの情報を思い出すでしょう。たしか、政府の都市再生プロジェクトでは、東京の六本木周辺地域も緊急整備地域として指定されていたのでは……。

次にこの二つの要約情報の関連付けは、一民間企業の再開発と国家プロジェクトの接点がどこにあるのか、そんな関心を呼び起こします。そして、これからさらに東京の都市開発ブームは続くのか？

といったトレンド予測にも係わるテーマが浮かび上がってきます。

そこで少々調べてみることにします。

たとえば、検索サイトで「六本木ヒルズ」「都市再生」「政府」などといった複数のキーワードで検索してみて、関連情報をさらに入手し、情報を的確にしていくわけです。

こんな具合で得た情報というのは、まちがいなく「強化された要約情報」として、あなたの要約カプセルになるはずです。

自分なりに情報の切り口を処方して、自分が欲しかった要約カプセルが手に入るというわけです。

一つの情報に接したときに、ポイントとなる情報を要約情報として残すだけでなく、そのとき関連しているかもしれない情報を思い出し、その関連付けを自分なりに確かめることによって、新たな「強化された要約情報」が手に入るのです。

関連付けは、要約強化の第一歩と言っていいでしょう。

7 背景をとらえる思考習慣を身につけよう

第一段階の要約で、「論拠を求める姿勢」について述べましたが、その延長線上にあるテーマとして、「情報の背景をとらえる視点」の大切さがあります。情報の背景をとらえる視点は、第一段階の要約でも重要なのですが、複数の要約情報を集約して独自の要約強化をはかる第二段階の要約では、よりその重要度が増してきます。

たとえば、イラク問題を例にして考えてみましょう。

アメリカのブッシュ大統領が、国連の常任理事国、フランスやロシア、中国の反対を押し切ってまでイラクの軍事攻撃になぜこだわったのか？

当初言われたのは、あの「9・11の同時多発テロによるトラウマ」でした。冷戦終結後、世界をリードする最強国となったアメリカとしては、自国であんな惨劇を起こされたのは耐えられない。

その屈辱を払拭するためには、テロ組織アルカイダの殲滅《せんめつ》はもちろん、そのテロ組織を支援していると見られる国も、「悪の枢軸」として撲滅しなければ気がすまない。そんな情緒的な分析がまことしやかに報道されていました。

しかし、考えてみれば、「ならず者国家の殲滅」にしろ「大量破壊兵器による危機の排除」にしろ、すべての大義名分は、経済原理によって、いとも簡単にひもとくことができるのです。

キーワードは「石油の利権」です。

イラクの石油は世界第二位の埋蔵量といわれ、先進各国はこの利権を押さえたいはずです。そもそも、ブッシュ大統領自身が石油採掘業に精を出していた経歴があるし、チェイニー副大統領は石油大手ハリバートンの代表という背景があります。

一方、イギリスには北海油田がありますが、石油をもっと売るには、勝手し放題のフセインの存在が障害になるのかもしれません。つまり、石油の利権をめぐる経済原理では、米英の利害が一致すると考えられるでしょう。

フランスとドイツが反対したのも、自分の国では石油がほとんど取れないので、その価格が高騰すると困るため、と言われています。となると、アメリカとイギリス、フランスとドイツの意見が対立するのも、当然と言えるのではないでしょうか。

このように、一つの視点を持って背景情報を押さえることで、より論理的にイラク問題の全体像をとらえ、要約できるようになるというわけです。

もちろん、この石油利権をめぐる背景情報もメディアによってもたらされる情報の一つなのですが、前述の〝トラウマ分析〟とのどちらに、要約情報としての重点を置くかなのです。自分が納得できるのはどちらの要約情報なのか、その判断基準を持つことで要約の強化が行われるようになります。ただし、一つの要約情報を選んだからといって他の情報を捨てていいということではありません。それでは単眼的な思考です。要約カプセルには、可能性が低いから軽視するときめた情報も、考慮の対象として残しておけるのです。

8 要約の強化に欠かせない図解発想

少し前に、「図解」がブームになりました。火付け役は、『図で考える人は仕事ができる』などの著書で知られる宮城大学教授の久恒啓一さんです。久恒さんは、図解を、概念やプロジェクト内容などを相手にわかりやすく伝えるためのビジネスツールとしてだけでなく、自分自身の頭のブラッシュアップにも格好のツールになると位置づけています。

まさに同感です。図解は、要約の強化のためにも、非常に有用なツールとなると私は考えています。

たとえば、関心のあるテーマについて、あなたが個々に集めた要約情報が手元にあるとします。あるとき、その関心テーマに関わる企画案のプレゼンテーションをすることになりました。さっそくあなたは、自分の記憶のなかにある第一次要約情報や、パソコン内のデータ、新聞・雑誌の切り抜き情報などを思い出して、プレゼン資料として役立てようとするはずです。

その企画案のコンセプトを固めるときに、情報を図解で整理して、ビジュアル・イメージとしてもわかりやすくまとめようとすることが、第二段階の要約、つまり「要約の強化」にもなるのです。

企画のコンセプトが相手の心をつかむためには、どんな要約情報があればいいのか？　その中でも特に強調すべき点はなにか？　トレンドなどの背景情報をコンセプトとどう結びつけるか？　マーケット分析した結果とコンセプトとの因果関係をどう説明するか？　補足情報や参考情報にはなにが必要か？

などなど、ペーパーやパソコン画面で、情報をブロックごとにまとめたり、いくつかのブロックを、さらに大きな概念の四角で囲む。あるいは、ブロック同士の関係性を示すために矢印でつなぐ。強調すべきポイントは、文字を大きく太くしたり、それを囲む線も太くする。

そんな図解作業を繰り返すことによって、第一段階で集めた個々の要約情報が、企画のコンセプトに沿った新たな要約情報として生まれ変わるのです。

第二段階の要約情報、要約の強化の完成です。

この図解作業は、企画案のコンセプトを固めるときだけでなく、複雑でこみいった情報を整理・理解する際にもおおいに役立つはずです。

たとえば、行政文書などは図解で読み解くのに格好の素材と言えます。硬いお役所言葉がふんだんに盛り込まれた文書そのものと向き合うのは、かなり精神的な負担感があります。

それを、図解でひもときながら見ていくことで、「とどのつまりはこういうことだったのか」という、強化された要約情報が目の前にパッと現れることになるのです。

96ページに、内閣の都市再生本部が策定した「都市再生基本方針」（平成十四年七月十九日閣議決定）を掲げましたが、こんな行政文書も、図解してみることで、都市再生の狙いがすんなり読み取れるようにもなります。

「首相官邸」（http://www.kantei.go.jp/）のホームページには、格好の〝トレーニング素材〟がふんだんにあります。あなたも、試してみたらいかがでしょう。

9 「分析↓仮説↓検証↓修正」を常に繰り返す

「仮説」や「検証」の大切さは第2章でも述べてきましたが、ここで要約強化の原則としてあらためて整理しておきましょう。

「強化」を主眼とする第二段階の要約でもっとも重要なのが、「分析↓仮説↓検証↓修正」という思考・行動サイクルです。ここでは、仮説の前段階として「分析」という段階も設けています。

まず、要約の第一段階で仕入れた「ストック」としての要約情報に対しては、「批評家」としての眼で自分なりのフィルターにかけます。そのとき、他の要約情報との関連性に気付けば、この段階で頭は、いわば「分析頭脳」になっているはずです。

第一次要約情報に付加価値が生まれる瞬間です。これが、「分析↓仮説↓検証↓修正」という要約強化サイクルの第一ステップです。

じつは、この分析思考そのものはそうむずかしいものではありません。ストックとしての要約情報を多くもっていれば、人間の頭脳というのは、おのずと連想が働いたり、過去の記憶を呼び出すようにできているからです。

脳にストックされていた要約情報のアーカイブ（元は「倉庫」の意）の扉がポンと開いてくるのです。

この分析思考から大きく一歩踏み出すことになるのが、仮説を立てるステップです。仮説とは、これまでの体験や自分の経験則にはない新しい考え方を打ち立てることです。誰かの考え方に共感するだけでは、自分の仮説にはなりません。自分なりの創造力や論理力の帰結として「自説」を打ち出すのでなければ、創造的な仮説とは言えないのです。

つまり、仮説にはワンランク上の知力が必要ということになります。そして、より重要なのは、仮説を立てることには、ある目的意識が伴ってくるということです。ビジネス現場の話でいえば、なぜ顧客の満足度が上がらないのか、なぜ社内業務の効率化が進まないのか、複雑な要因がからんでいそうな問題の解決策について一つの仮説を立てる。もちろん単なる思いつきではなく、さまざまな情報をもとにした分析があっての話です。

こんなときの仮説には、その先にある「顧客満足度の向上」「業務効率化」という明確な目的意識が伴っているのです。

目的意識があるということは、おのずと達成のための具体的なアクションを迫られることにもなるはずです。つまり、仮説を立てるステップでは、自らを行動に駆り立てるエネルギーを内包することになるのです。

要約情報のリライトと仮説・検証

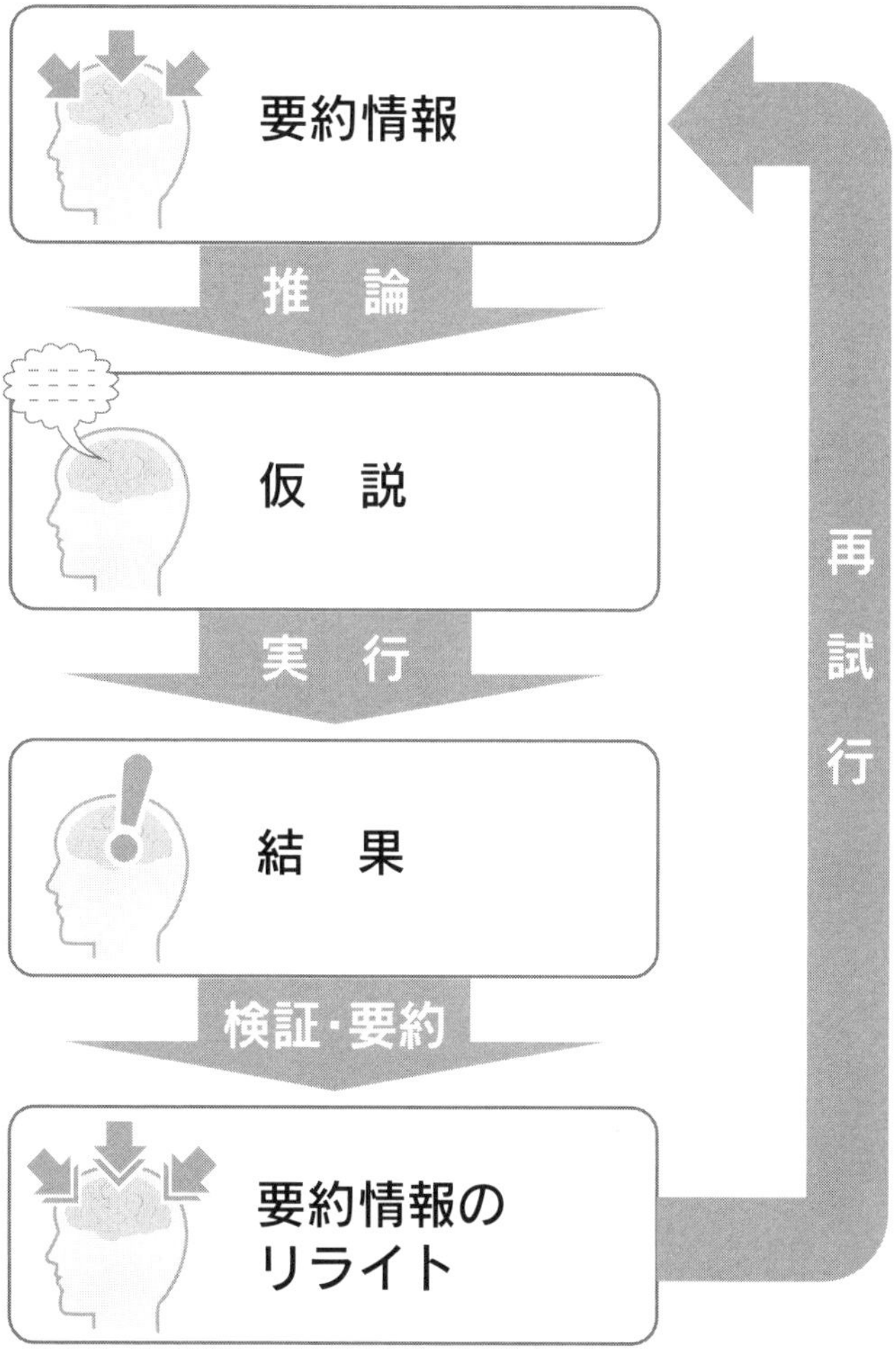

この点が、頭脳活動が主となる分析段階とは大きく異なるところです。

仮説を打ち立てたことによって、そこにオリジナリティのある要約情報の萌芽が生まれます。顧客満足度がなかなか上がらないのは、商品開発がセルサイド（売る側）の発想で、顧客の立場に立ったマーケットインの発想に欠けていたせいだ――そんな仮説を立てるだけでも、これは「強化された要約情報」にほかならないのです。

その仮説の芽を核心（確信）に昇華させるのが、検証という作業です。仮説を立てた段階で内包されていた行動のエネルギーは、まさにこの段階で実際の行動となって現れるべきものなのです。マーケットインの発想が欠けていたことを確かめるために、モニター情報を集める。あるいは、営業の現場からの声を吸い上げる。その一つ一つが、自分の頭の中でカタチになりつつある要約情報を、より強化していくのです。

もちろん、自分の仮説と検証の結果が微妙にズレていれば、修正することも必要です。これが、四段階の思考・行動サイクルの最後のステップです。

誤った認識や情報・知識不足の点から、最初の仮説にムリが出てくるようなら、躊躇《ちゅうちょ》せずに修正・補正する。

このトライ&エラーの繰り返しこそが、真の要約情報の確立につながるのです。

10 要約情報を「メタ認知」で見つめ直してみる

フローとしての要約情報を得る第二段階の要約で欠かせない視点が、要約情報に対する「メタ認知」です。

メタ認知については第2章でも触れましたが、認知心理学でいうところの「ちょっと高みから自分を見る視点」を持つことです。

「今の自分の考えは権威に影響されていないか」

「感情的になっていないか」

「判断するだけの知識が十分にあるだろうか」

「常識にとらわれてはいないか」

「周りの人の言動に左右されていないか」

こんなふうに、自分の認知をモニタリングするわけです。

前節で述べた、四段階の思考・行動サイクル「分析→仮説→検証→修正」においても、このメタ認知の視点は欠かせません。

自分の分析は、十分な情報に基づいて行われたものか、仮説はどこかで誰かから聞いた受け売りになってはいないか、検証する際に自分に都合のいい解釈をしていないか、そして修正においても周りの影響を受けたり、自らの保身意識で歪めてはいないだろうか……。

ちょっと振り返ってみると、要約の強化をはかる日常的な場面で、予断や先入観念に左右される落とし穴はけっこうあるのです。それだけに、ことあるごとに「一つ高みから自分を見つめる」意識は欠かせません。

たとえば、取引先の担当者は、提案書などを持っていったときには、必ず難クセをつけるタイプだ――そんな〝要約情報〟が頭にインプットされていると、自分が提案書をつくる際の要約にまで悪影響を及ぼしてしまいます。つまり、相手のご機嫌を伺う要約情報のみを拾い集めるようになるのです。

そんなときは、取引先担当者の指摘を、自分はなぜ「難クセ」と感じてしまうのか、そう自問自答してみることも大切です。

「難クセ」と感じてしまうのは、じつは自分の苦手意識があるから……そんなふうに一歩引いて考えることもできるかもしれません。となると、担当者の話にもう少し謙虚に耳を傾けてみよう、という気にもなる。そのとき、相手の人物像に対する〝要約情報〟もちょっと違ったものになるかもしれません。

あるいは、週刊誌の記事で、厚生年金基金はどこも財政難で解散するところが増えている――そんな記事に接したとします。頭の中には「厚生年金基金が大変」という要約情報に「ウチの会社の基金は大丈夫か？」という不安意識が付随してインプットされる。そのとき、そんな自分を高みから見る視点があると、「厚生年金基金の財政難に不安を抱えるサラリーマンが増えている」という、少し違った要約情報になるでしょう。

わが身の不安はさておき、世間の状勢を要約情報としてとらえるときは、自分を客感視してとらえると、そこに世間相場観とでも言うべき社会の反応についての要約情報が生まれるのです。これも、第二段階の要約の強化として重要なポイントと言えます。

11 スキーマに振り回されると、「要約」も歪んでしまう

人間は自分の頭にある情報や知識を定型化する傾向があります。認知心理学では、それを「スキーマ」と言うのですが、「人が経験によって身につける知識のモジュール（機能単位）」と定義されています。

スキーマによって、いろいろな局面で思考のショートカットができます。

たとえば、一度ケーキを食べれば、次はそれを見れば「あ、あれは甘いぞ」と想像できる。スーツやパソコンなどは、改めて説明してもらわなくても、それがスーツ、パソコンであると認知できる。これは、スーツやパソコンについてのスキーマがあるからで、推論のプロセスを省略して、認知がラクになるわけです。

ところがこのスキーマは一方で、「あれはこうに違いない」と、検証せずに経験から判断してしまう認知パターンを引き起こしがちにもなります。いわゆる、決めつけです。これが推論を歪める要因の一つになります。

たとえば、「減税は消費を刺激する」がスキーマになると、どうしても「まず直接税減税ありき」になってしまい、推論の幅が狭くなってしまう。人間関係にしても、「学生時代はいいやつだった」がスキーマになると、久しぶりに会ったときに客観的な推論ができないはずです。

スキーマができると、人間には次のような思考パターンが生まれるといいます。まず、スキーマと一致しない情報より、一致する情報に注意を払う。次に、スキーマと一致しない情報を受け入れにくくなる。そして、スキーマと一致する情報のほうが一致しない情報より覚えやすくなる。結果として、スキーマと一致するように記憶を歪ませることもある、というのです。

日本語のあいまいさと「要約力」

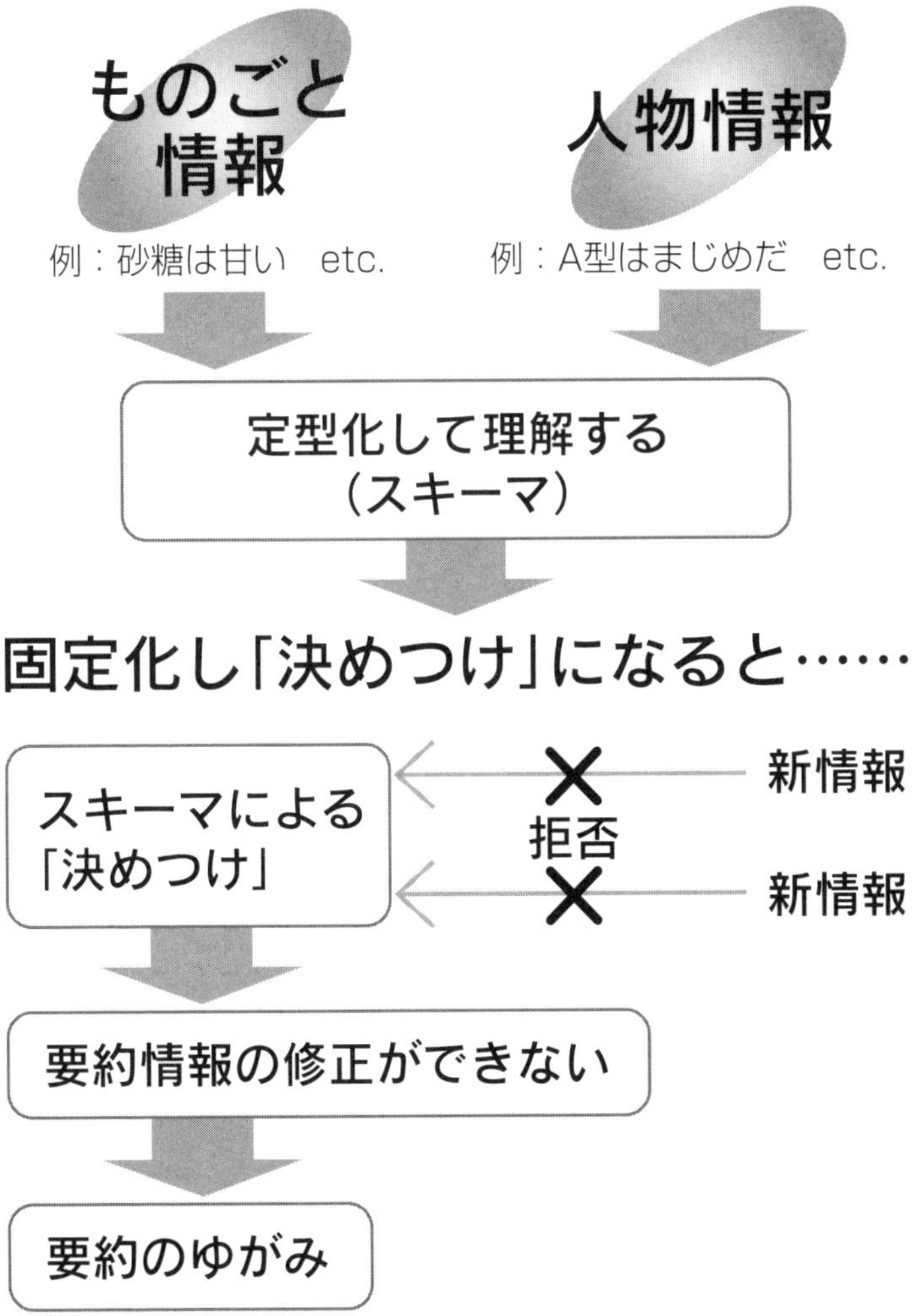

「血液型A型はまじめで几帳面」をスキーマとして持つと、相手のルーズなところよりもスキーマに合う几帳面なところにばかり注目して、問題にすべき部分が見えにくくなるかもしれません。机の上はまったく整理されていないのに、時間通りにやってきただけで「やはりA型は几帳面だ」と、自分に納得させてしまうのです。

会議の席で、社内の評価がすこぶる高い人の意見に周りが無条件で納得してしまうのも、「この人のアイデアは素晴らしい」とスキーマを持っているからとも言えます。こうなっては、推論は歪んでしまうでしょう。

情報処理能力を高めるためにスキーマが有効なときもありますが、複雑な問題解決、または方針転換を迫られるときには、スキーマにとらわれないようにしてください。

人間には必ずスキーマがあります。

スキーマがないと情報過剰の時代には生きていけないからです。

大切なのは、それがどんなものなのかを知り、重要な推論場面では、スキーマにとらわれていないかメタ認知をすることです。

状況や感情に左右されず、的確かつ幅の広い推論と要約を行なうために、自分のスキーマについてのメタ認知を行い、いつも自分に問い掛けてみてください。

第4章

新聞・雑誌・テレビetc.・メディア情報の的確要約術

1 「捨てる」ことがポイントになる新聞記事の要約

ここからは、いよいよ要約についての各論です。日々接する情報について、どう要約して「ストックの要約情報」(第一段階)、さらには「フローの要約情報」(第二段階)として役立てていけばいいのか、私の体験もまじえながらお話ししていきたいと思います。

まず、この第4章では、メディア情報の要約がテーマです。

メディア情報の中で、もっとも接する機会が多いのは新聞だと思います。新聞は、テレビなどの電波メディアを含めた全メディアの中でも、情報がもっともコンパクトにまとまった媒体です。だからといって、毎日、隅から隅まで目を皿のようにして情報の吸収につとめるのは、よほど時間のある人でない限り無理と言っていいでしょう。私が、新聞に接するときの要約の基本は次の三点です。

①「関心度の感度」を最大限にあげて目を通す
②ひっかかる記事があれば、とにかく切り抜く
③ためた切り抜き記事は、一週間後に見直す

この三点を踏まえ、第一段階の要約をするわけです。

①については、要は、常に自分の関心テーマを持ち続けることが肝心だということです。新聞の紙面をパッと広げたときに、関心テーマの引き出しを多く持っているかどうかで、読むべき記事、読まなくていい記事の判断が瞬時につく。読んだ記事についての要約情報の吸収もまったく違ってきます。

問題は②と③です。

これまでに何らかの機会に新聞のスクラップをやったことがある人もいると思います。そして、そのスクラップが長つづきしなかったり、ためたスクラップ記事が結局ほとんど役に立たなかったという経験を持っている人も多いのではないでしょうか。

要約情報のストックでは、情報を集めることが苦になったり、不必要な時間をかける結果になっては、まったく意味がありません。

私は、関心のある記事を目にしたら、一ページまるまる破っておいて、その記事にだけ印をつけてそのままテーブルの上に無造作に置いておきます。そして一～二週間程度経ったときに、机の上にいくつか重なっている新聞にもう一度目を通して、どうしても残しておきたい記事だけ切り抜いてとっておきます。

新聞記事は、速報性を重んじる報道記事と、評論・コラム記事とに分かれますが、前者の報道記事は情勢の変化などで、一週間後の見直しで、捨て去る記事も多く出てきます。

評論・コラム記事でも、一週間たったら情報価値のないものに見えることもあります。

つまり、「一週間のフィルター期間」を設けることで、捨て去る情報がはっきりしてくるのです。

紙メディアの情報、なかんずく日々流される新聞情報は、この「捨て去る」ことが、情報の要約においてとても大切なのです。消去していって、残ったものだけが、自分にとって重要な要約情報として残るわけです。

これを、なんでもかんでもスクラップしてしまうと、記録としてすべて残っているから安心という心理が働いて、頭が〝要約頭脳〟になりません。要約ではなく、単なる収集に終わってしまうのです。

2 週刊誌よりも、総合月刊誌のほうが要約の訓練になる

第3章で、週刊誌記事の特性として〝前説〟が長くなることに要注意（七九ページ）というお話をしました。あらゆる雑誌記事の要約では、まずこの点を頭に置いておくといいでしょう。センセーショナルなタイトルにつられて買ってはみたものの、要約情報として

とっておきたいのは、記事中のほんの数行ということも往々にしてあるからです。

ただ、ほんの数行ではあっても、重要な要約情報になる場合もないではありません。そんなときは、前述の新聞と同様、記事を破いて机の上にポンと置いておくのもいいでしょう。一週間後に見たときに、はたしてその記事の情報価値がどれほどあるものか「フィルター」にかけるのです。

雑誌記事の場合、要約情報の情報源として役立つのは、総合月刊誌ではないかと私は考えています。同じ月刊誌でも、ビジュアルを重視したものは、要約情報の情報源として適さないものもありますが、『文芸春秋』『現代』『ＶＯＩＣＥ』といった、活字中心の総合月刊誌は、要約トレーニングの貴重な素材にもなります。

総合月刊誌に寄稿することもある私の経験でいうと、記事一本の分量は、四百字詰め原稿用紙でだいたい二十五枚前後です。この二十五枚という分量は、一般的な単行本でいうと十分の一程度の分量になります。

じつは、総合月刊誌の特集記事のテーマというのは、単行本一冊のテーマにもなりうることが多いのですが、見方を変えると、記事１本が、単行本一冊を要約したものと考えることもできるのです。

単行本一冊分のテーマを、原稿用紙二十五枚程度の記事にまとめるには、簡潔に要点をまとめ、しかも説得力を増すために文脈上の重要ポイントについては、きっちり突っ込んで書き込む。その構成力・文章力がないと、なかなか読み応えのある記事にはなりません。

つまり、構成力・文章力のしっかりした特集記事一本を読むことは、単行本一冊の要約をなぞるものと考えてもいいのです。

「要約トレーニングの貴重な素材になる」といったのは、そのような意味からです。

もちろん、記事の内容そのものも、あなたの関心度や批評眼を持って読んでいけば、要約情報そのものとしてストックできるはずです。

同じ著者の単行本を読む際には、総合月刊誌の寄稿記事が要約情報として頭の中にすでにあるわけですから、単行本で仕入れた新たな情報が、ストックされた要約情報をさらに強化する上で非常に役立つというわけです。

活字中心の総合月刊誌には、ふだんあまり馴染みがないという人もいると思いますが、要約情報として仕入れたり、要約のトレーニングにもなるという意味では、もっと触れる機会を多くしたほうがいいのではないでしょうか。

3 書籍の情報の要約に欠かせない「一部熟読法」

週刊誌や月刊誌などのいわば消費型の紙媒体と一線を画しているのが、書籍というメディアです。書籍による情報収集は、読書という言い方もできますが、読書には、読む対象によって二通りあると、私は考えています。

一つは、趣味型読書。その書籍を読んで知識を何かに役立てようというのでなく、主に趣味として小説や娯楽書などを楽しむといった読書です。

もう一つが、ビジネスの企画に役立てたり、スキルアップや知識習得のためであったり、とにかく目的意識の強い読書です。いわば目的型読書です。

情報の要約という意味で、本書のテーマとなるのは、後者の目的型読書です。前者の趣味型読書は、あまり要約ということを念頭に置かずに読むのが自然でしょう。

そこで目的型読書をする際の要約法の基本ですが、私は「一部熟読法」をおすすめします。習慣や性格で、本は頭から読まないと読んだ気にならない、という人も多いかもしれません。しかし、目的意識が前提としてある場合、一冊の中でどのパートが目的と合致しているのか、その視点なしで読みはじめるのは、私から言わせれば、時間の無駄です。

多少、ほかのパートも読んでみたい気があったとしても、あえてそこは読まずに、もっとも重要なパートのみに絞って読み込む。この絞り込みこそが、〝要約頭脳〟の働きを促すことになるのです。

ビジネス書や実用書などは、一冊が六～八章立て程度になっていることが一般的ですが、そのうちの二章に絞り込んで読み込み、もう二～三冊分も同じようにして一部熟読法を行う。通常なら、一冊分読む時間で三～四冊読めるという計算になります。

この一部熟読法のメリットとしては、一冊を頭から読むより、情報を要約カプセルとして引き出しに入れやすいという点があります。つまり、一冊分を要約カプセルにするより、章ごとに要約カプセルにするほうが、ずっとラクなはずです。さらに、一冊頭から読む場合に比べて、一部熟読法では注意力や集中力が必要になってくるので、読みながら脳に記憶される要約情報もより強固なものになるはずです。

一部熟読してみて、最初は読み過ごそうと思っていたパートで、どうしても読んでおく必要を感じたパートが出てきたら、その時点で読めばいいだけの話です。書籍だから、とにかくまるごと読まなければという発想は、要約ではあまり意味がありません。

もちろん、本書も、一部熟読法の例外ではありません。

要約力が必要な「目的型読書」と「一部熟読法」

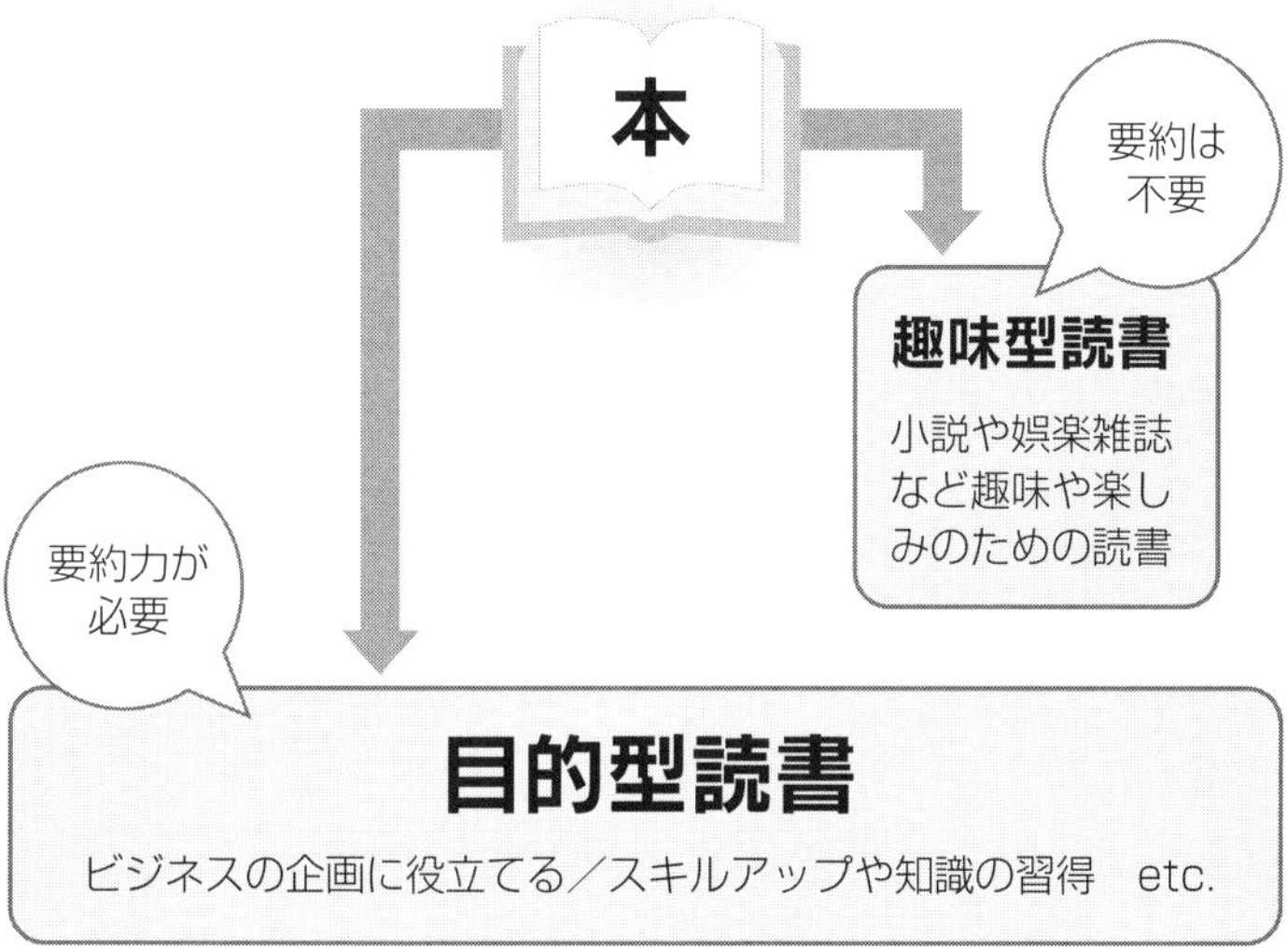

こんなときに役立つのが「一部熟読法」

ステップ

1）目的に応じた章やパートを見つける→**要約力の強化**

2）絞り込んで熟読する→**要約頭脳を促進させる**

3）１冊すべては読まずに他の文献をあたる→**要約カプセルの補強**

4 目次で情報を見極めるときは「過大表現」に要注意

一冊の本を前にしたときに、どこを読むべきか、その判断のヒントを与えてくれるのが目次です。

一般的には、目次の各項目はパートや節の内容を的確に表した表現になっているので、その見出し表現を見れば、自分の目的をかなえてくれるのがどのパートや節にあたるのか、おおよその見当がつくでしょう。

ただし、出版社の編集方針や、新書・文庫本のシリーズ・テーマによっては、内容を少々大仰に表現したりして〝過大な期待〟を読者に与えるケースもあります。

ことにビジネス書や実用書には、目次にならぶ各章・各節の表現で読者をひきつけようとしているものも多くあります。それはそれで、編集者の要約力なのですが、情報を仕入れる読者としては、見出し表現につられてしまわないよう注意が必要でしょう。

目次に並ぶ見出しが仰々しい場合は、書店での立ち読みでもいいので、該当箇所を一〜二ページ目を通してから、買うかどうかを決めてもいいのではないでしょうか。

この目次によるチェックが効を奏するのは、書籍を読むときだけではありません。

「○○懇談会報告書」といった行政文書を読む際は、目次の閲覧による情報の取捨選択が欠かせません。

一つのテーマについてまとめられた行政文書では、たいてい、ていねいな目次が冒頭に掲げられているものです。

目次を見ただけで腰が引けるような硬い表現が並んでいるのですが、ちょっと我慢して目を通していると、文書の全体の構造がわかってきます。行政文書は、まずこの構造がわからないと、うっそうとした樹海のような〝情報の迷路〟に入り込んでしまいかねません。

全体の構造がわかると、とどのつまり、行政側が一番言いたかったのは、最後のパートであることがわかる、そんなことがよくあります。

お役所の文書というのは、必要なことを細大漏らさず網羅し、「いまなぜ○○なのか？」といった前提となる話を一節ぶって、総論を展開し、各論に入るといった、非の打ち所のない構成を旨としています。

その前提となる話や総論などは、いまさら言われなくても、という内容だったりするのです。

要約情報を仕入れるときは、そのお役所の流儀におつき合いする必要はまったくないのです。

5 要約頭脳を作るための「要約レポート」のすすめ

ここで、読書に伴う「要約力強化法」について、一つの提案です。簡単な「要約レポートのすすめ」です。

要約レポートとは、もちろん、読書感想文ではありません。学校教育で読書感想文がいかに日本人の要約力を非力なものにしたかは、第2章で述べたとおりです。読書感想文は「心情読解重視の国語教育」の象徴であり、要約力とはほとんど無関係なものです。論理的に読み書きする力を養うものではないのです。

私がここでおすすめするのは、あくまで、要約力を強化するためのレポートです。レポートと言って大仰に聞こえるのであれば、メモと言ってもいいものです。

その要約メモの書き方のちょっとしたルールをあげるとすれば、

①まず、要約として書き記すべき内容を箇条書きにする（一つの項目は五十字程度。それ以上長いと、要約情報として頭に残らない）

②箇条書きにする項目は十項目以内（理由は①と同様）。

③書き出した項目を並べたときに、前後の因果関係・相互関係などから、全体の文脈が見

えてくること。

ルールはたったこれだけです。しかも、一冊のレポートをつくるのではなく、前述の一部熟読法で読んだ、二章分か三章分をそれぞれ個別に記すだけです。

重ねて言いますが、決して感想文を書くわけではありません。何が書いてあったのか、最初は内容のポイントをコンパクトにまとめるだけです。パソコンのワープロソフトで書いてもいいし、もちろん手書きでもかまいません。レポートをためることに意味があるのではなく、要約思考を養うことが目的だからです。

そして、箇条書きに慣れてきたら、最後に、あなたのコメントを一言書く。これも決して、心情読解の感想ではありません。

「この説明には説得力がある」、「他の著書では違うことを言っているが、どちらが正しいのだろう」、「この主張には少し無理がある」、「数字の裏づけがほしい」などなど。情報価値についての論評を一言添えるのです。

この〝要約レポート〟作りは、要約という思考習慣を身に付ける上で、大きなプラスになるはずです。新聞の切り抜きと同じように、苦痛になるような習慣では、元も子もありませんが、一度試してみる価値はあると思います。

6 要約情報のソースとしての「ラジオの力」

新聞や雑誌、書籍などの紙メディアと並んで、マスメディアの代表格といえば、テレビ・ラジオといった電波メディアです。

ことにテレビは、ある意味では、新聞以上に身近な情報源とも言えますが、要約情報のソースとして考えた場合、映像中心のメディアである分、マイナスに働くことがあります。たとえば、テレビにも報道番組や討論番組、ドキュメンタリー、ワイドショーなど情報源として活用できる番組は多くありますが、どうしても映像のインパクトのほうが強いため、言語中心の要約情報は、記憶に残りにくいという側面があるように思います。

報道番組やワイドショーなどでも評論家やコメンテーターと言われる人たちが、言語としてのコメントを残しますが、それは、必ずしも論理が整理されているとは言えません。収録後に再構成されるドキュメンタリーはまだしも、生放送で行われる報道番組やワイドショーなどでは、当意即妙の一言コメントであったり、出演者同士の掛け合いの一部がコメントになります。

つまり、そこには、論理に基づいた文脈はないのです。一言ひとことを取りあげてみると、印象に残る言葉はあったとしても、それを並べたところで、前述の要約レポートのような、項目同士の因果関係を浮かび上がらせるような構図は生まれてこないのです。

要約情報のソースとしては、私はむしろラジオのほうが適しているように思います。音楽番組の多いＦＭ局ではなく、ＡＭ局の、いわゆる生活情報番組などは、クルマで移動することも多い私には格好の情報源になっています。しかも、要約情報として吸収しやすい。

いったい、なぜでしょう？

ラジオの生活情報番組は、映像がない分、パーソナリティが発する言葉一つとっても、情報として非常にコンパクトにまとめられているように思います。もちろん、ヘタな人もいますが、梶原しげるさん、吉田照美さん、荒川強啓さんといった名パーソナリティと言われる人たちは、さすがとうなってしまうことがよくあります。

ラジオの情報番組は、一つのテーマで約十分〜十五分が基準になっているような気がしますが、聞いてみると、これがちょうどいい。

六十分の講演を聞いて、内容をきちんと把握するのは大変です。かといって、五分の解説では短かすぎます。テレビの場合、よほど大きなニュース以外は、解説がついても五分ほど。それを考えると、ラジオの十五分は短かすぎず長すぎずの、ちょうどいいユニットなのです。

しかも、評論家的な人に話してもらいながら、パーソナリティが「こういうことなんですね」、「こういうふうには考えられませんか」と、うまく要約してくれます。テレビは時間が短いこともあって、評論家の話をあまり要約してくれないでしょう。

こんな理由から、要約情報のソースとしてＡＭラジオ番組をあげておきたいと思います。もっとも、会社勤めをしている多くの人は、日中、ラジオを聴く機会などめったにないはずです。

ただ、通勤電車で携帯ラジオのイヤホンを耳につけて、ラジオを聴くこともできる。それができなければ、朝、出勤前にテレビの代わりにラジオを流したり、たまに土日の休みの日などに、ラジオの情報番組に耳を傾けてみたらどうでしょう。

そのとき意識してほしいのは、テレビから流れる音声情報の部分と比べて、論理や話としてのまとまりがどう違うか、という点です。

意識して聴き分けてみて、翌日、要約情報として、どちらが記憶に残っているか試しにやってみてください。

私の経験からいえば、やはりラジオの方に軍配が上がります。

7　テレビ情報の活用で忘れてはいけない「批評眼」

要約情報のソースとしてテレビの難点を述べましたが、私自身、テレビの討論番組などにも出演しているし、決して、テレビというメディアを全否定しているわけではありません。ただ、情報源として接するときには、それなりの心構えが必要なのが、テレビというメディアだと私は考えています。

言うまでもなく、テレビは、スイッチを入れれば、何もしなくても情報を流し続けてくれます。リモコンのボタンを押せばチャンネルも替えられる。ボーッと座っているだけでいろんな情報を伝えてくれるのですから、これほど手軽な情報メディアはないかもしれません。

ただし、弊害として、テレビを前にすると人間は受け身になり、情報を取捨選択しようとする意識が希薄になってしまう。もっと端的にいえば、情報に接しても、考えようとしなくなってしまうところです。

ニュース番組を見ていると、映像付きで解説されて、「なるほどそうか」とわかったような気がすることが多いでしょう。でも、それはなかなか頭に残らないのです。

前に触れたように、ラジオほど情報がまとまっていないし、短い間隔で次のコーナーへ移ったり、CMが入ったりするので、落ち着いて考えられないからです。

別の言い方をすれば、テレビは、要約する時間を与えないメディアと言ってもいいでしょう。見る人は受け身の姿勢ですから、情報の取捨選択を考えない。次々にいろんな分野の情報が流されるので、「結局、どういうことなのか」と頭を働かせて、要約する時間がないわけです。

これらの弊害から少しでも逃れるためには、それなりの視聴態度が必要になってきます。要約の基本原則をまとめた第3章でも触れた「批評家」としての目が、欠かせないものになってくるのです。いわば「批判的テレビ視聴法」です。

コメンテーターの一言ひとことにも、常に論理の矛盾はないか、裏付けはあるのか、いったい何を根拠にそう言えるのか、そんな批評眼を持って番組を見るのです。

最初はわずらわしく感じるかもしれませんが、テレビのニュース番組を見るときは、手元にメモを用意するのもいいでしょう。簡単にメモしていけば、多少距離をおいて、客観的にまたゆっくり考えることができます。それをもとに、コメンテーターの発言が偏っていないか、他の視点からは考えられないのかなどと、自分なりの視点もまじえて要約できるようにもなるはずです。

新聞、雑誌などの活字メディアは、待っていてもなにも伝えてくれないので、情報に接する際にはそれなりの覚悟を持ちます。その緊張感の中で、情報の要点も頭に入り、自分なりの要約を自然に行うようにもなるわけです。

それに対して、テレビは何もしなくても情報が入ってくるだけに、活字以上の覚悟と緊張感を持っていないと、情報は右から左へとサラリと流れていってします。その「サラリ」を防ぐのが、批評家としての意識なのです。

８　デジタル・メディアを過信するのは禁物

パソコンとインターネットが浸透して、いわゆる電子メディアは、ＣＤ-ＲＯＭコンテンツにしてもＷｅｂコンテンツにしても、いまや紙媒体をしのぐ情報力を備えるようになっています。

こうして原稿を書くときに使うワープロソフトにも「要約機能」がつくまでになっています。そんなデジタル・メディアの要約機能は、私たちの要約力をどれだけサポートしてくれるのでしょうか。

ここで、面白い実験をしてみましょう。
次の文章は、前節の三十五行ほどの文章を、ワープロソフト「ワード」の要約機能で作成した〝要約文章〟です。

要約情報のソースとしてテレビの難点を述べましたが、私自身、テレビの討論番組などにも出演しているし、決して、テレビというメディアを全否定しているわけではありません。ただ、情報源として接するときには、それなりの心構えが必要なのが、テレビというメディアだと私は考えています。ボーッと座っているだけでいろんな情報を伝えてくれるのですから、これほど手軽な情報メディアはないかもしれません。もっと端的にいえば、情報に接しても、考えようとしなくなってしまうところです。見る人は受け身の姿勢ですから、情報の取捨選択を考えない。いわば「批判的テレビ視聴法」です。その緊張感の中で、情報の要点も頭に入り、自分なりの要約を自然に行うようにもなるわけです。

実際の前節の内容と比べて、いかがでしょう？　はたして要約になっているでしょうか。
もし、ある編集者やライターの方が、私の文章を右のように要約してくれたとしたら、も

ちろん私はＯＫを出すはずがありません。

ある一定のルールが記述されたプログラムがやっているにすぎないのですから、人間と比べるのは野暮な話であることは百も承知です。しかし、あえてこんな実験をしてみたのは、プログラムによって動くコンピュータには所詮、限界があることを改めて知っていただきたいと思ったからです。

「そんなこと言われなくても……」という声も聞こえてきそうですが、しかし、パソコンもインターネットも機能がますます向上してくるにつれ、「所詮コンピュータ」と思いながらも、コンピュータやデジタル・メディアの力を過信してしまうことがあるのが、現在のＩＴ社会なのです。

たとえば、インターネットで膨大に発信されている情報は、検索エンジンで簡単に抽出することができます。抽出された各項目には、ごていねいにサマリーも記述されています。

しかし、それが本当にサマリーかというと、決してそうではなく、掲載ページの冒頭の数行だったり、検索用語の前後の文脈がピックアップされているだけの話です。その抽出も、プログラマーが試行錯誤してつくり上げたプログラムの成果なのでしょうが、ハッキリ言えば、文章の一部を表示したにすぎません。断じてそれは、要約ではないのです。

もしコンピュータが、前述した「要約レポート」のようなことができるとしたら、それはきっと数十年先の話ではないでしょうか。現状ではやはり、人間の知能にはるかに及びません。その人間の知能のなせるわざが、要約なのです。

デジタル・メディアは情報力、つまりは情報の集積力や検索力にはすぐれていても、決して要約はしてくれない。要約をしないまま膨大な情報を集めたり、検索できるからこそコンピュータなのです。もし、要約しながら情報を集めたり検索できるとしたら、それは限りなく人間に近い人工頭脳とい言えます。残念ながら、現在のコンピュータにはそこまでの能力はありません。

デジタル・メディアは便利なツールではありますが、決して過剰な期待を持たないよう肝に銘じておくべきです。

9 Webサイトの情報は、自分の頭脳で〝変換〟すべし

ＡＤＳＬや光ファイバー回線の普及で、インターネットのブロードバンド化が浸透しています。常時接続に高速大容量の通信環境、インターネットで発信されるＷｅｂサイト情報は、私たちのビジネスや生活には欠かせないものになっています。

私自身も「ヒデキワダ・ドットコム」というホームページを開設して、情報を発信していますし、いくつかのメールマガジン、ニュースレターを定期受信しています。仕事でも、また、プライベートのコミュニケーションでも、インターネットのない生活は考えられません。

前述のように、インターネットで必要な情報を検索するには、Google《グーグル》やYahoo《ヤフー》！Japanといった検索サイトの検索エンジン（プログラム）が、非常に役立ちます。一つの単語だけでなく、複数の単語を入力ボックスに打ち込めば、その単語を含むページが一気に抽出されます。

インターネットという膨大な情報の倉庫から、一気に必要な情報を探し出してくれるわけですから、私たちの情報収集力は、かつてとは比べものにならないほど飛躍的に高まりました。しかし、前述のように、その情報収集力は、決して要約力とイコールではありません。

いつでも、必要な情報が集められる――そう思えば、あえて情報の中身そのものを覚えなくてもすみます。「こんな情報がどこかにあったみたいだ」「こんな情報なら、インターネットのどこかにあるんじゃないか」――おぼろげな記憶や憶測さえあれば、実際に必要なときにコンピュータ任せで、情報の大海にもぐり込んでいくことができるわけです。

しかし、この便利さが何を意味するかと言えば、記憶しようとしない、そして要約しようとしない、つまり知能活動・思考活動の低下です。キーボードで文章を書くようになって、誰もが感じるのが、漢字を覚えなくなったということです。

つまり、記憶はコンピュータに任せておけばOKという意識が、記憶脳の活動をレージーにさせてしまうのです。

〝要約脳〟も同様です。要約しようという意識が薄まってしまえば、要約情報を残そうという頭脳活動も低下してしまいます。

すべての情報を並列的に、そして等価に扱って、そのなかから条件に合う情報を瞬時にピックアップすることはできても、情報の重要度の優先順位や重要ポイントの見極め、つまり要約に必要な高度な頭脳活動は、コンピュータは担ってくれないのです。

Ｗｅｂサイトの情報を活用する際は、この点を十分に頭に入れておくべきでしょう。役に立ちそうなページがあったと思えば、すぐお気に入りに登録する。あるいは、コピー＆ペーストでパソコンにファイルごと保存する。それで〝情報収集の達人〟になったようなつもりでいては、要約頭脳は決して鍛えられない。

Ｗｅｂサイトの情報を自身の要約情報に〝変換〟するには、少なくとも、その情報を自分なりの理解と表現で構築し直さなければなりません。

インターネット情報で要約力を鍛える

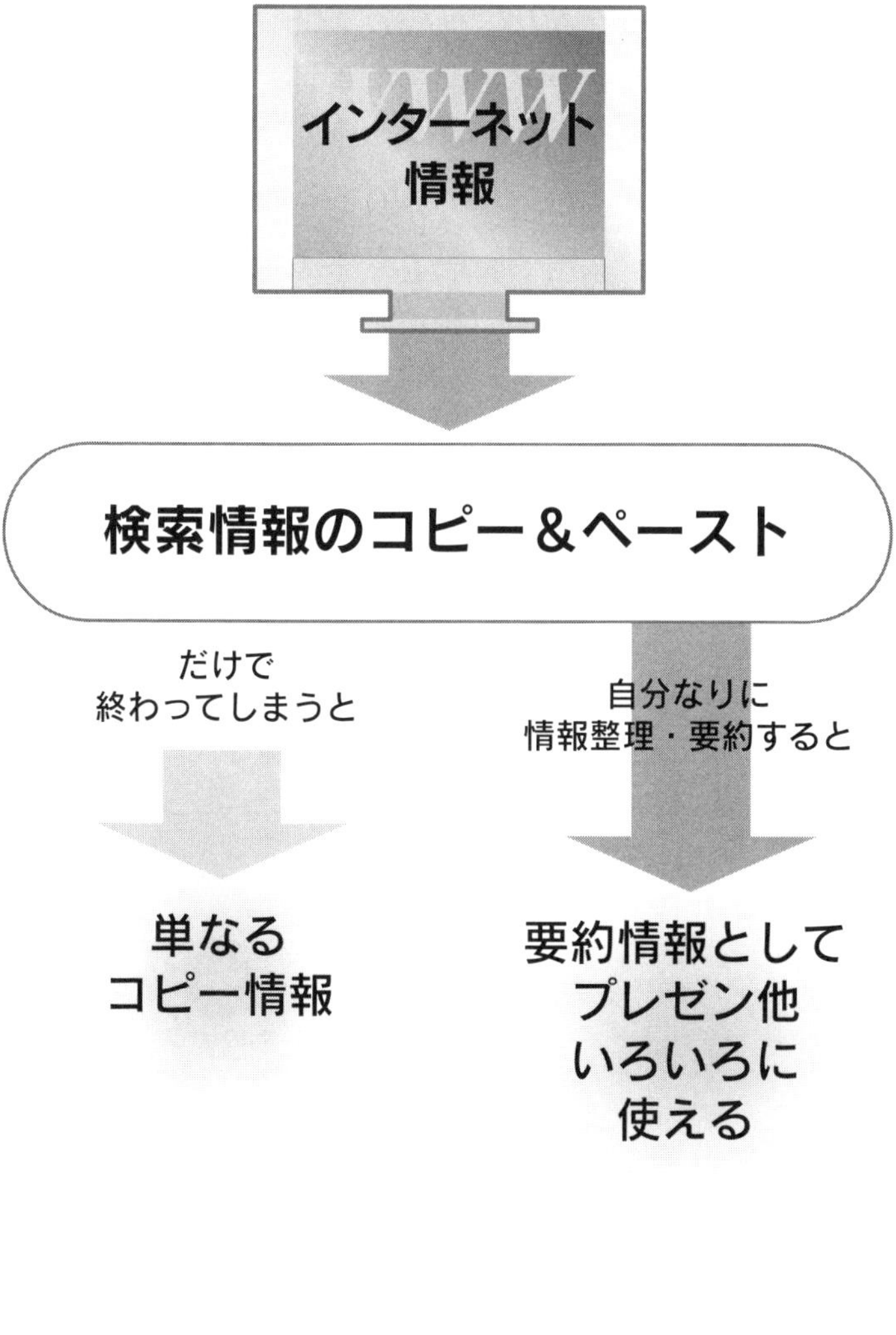
WWW
インターネット
情報
検索情報のコピー＆ペースト
だけで
終わってしまうと
単なる
コピー情報
自分なりに
情報整理・要約すると
要約情報として
プレゼン他
いろいろに
使える

プレゼン資料作りのためにまとめ直すなど、そのような段階を経てはじめて付加価値を持つ要約情報となるのです。

保存や検索というコンピュータの機能は、情報を倉庫に積み上げたり、探し出すのには役に立ちますが、市場価値のある要約情報として流通させるためには、やはり人間の頭脳活動によるところが大なのです。

10 メルマガはあくまで情報アクセスのきっかけにすぎない

「情報源はメルマガです。毎朝、必ずチェックしています」

こんなふうに言う人が最近増えてきました。

メールマガジンは、インターネットを通じて送られてくるニュースレターのようなものですが、ただ、その多くはヘッドラインと簡単なサマリーが掲載され、各項目にリンクが張られた先にあるＷｅｂサイトに誘導するというスタイルです。

専門サイトが配信するメールマガジンのなかには、〝マガジン〟のコンテンツそのものが充実しているものもないではありません。しかし、もともとが、Ｗｅｂサイトのアクセスユーザーを増やすのが目的で、その宣伝媒体としての側面が強いのがメールマガジンです。

そのため、ヘッドラインやサマリーで、発信者側がどんな情報を流したいのかは見当がつきますが、要約情報になりうるような充実したコンテンツがメールに掲載されていることはあまりありません。

ヘッドラインやサマリーは、発信者側が少しでも読者の目を引き付けようと、それなりの表現力を発揮して作られた〝要約情報〟ですが、それはあくまで、発信者側の苦労の成果物であって、そのヘッドラインやサマリーそのものが、あなた自身のストックすべき要約情報になるわけではありません。

メールマガジンやその関連サイトの情報を、自分の要約情報のストックとして役立てるためには、発信者側の意図だけにのっからずに、関心を持った記事には、その背景情報もついでに探る習慣を持つといいでしょう。

メルマガのURLをたどって現れるニュース系サイトの記事には、関連ニュース項目が記事の下やサイドにピックアップされていることがあります。その関連記事にも目を通したり、記事中のキーワードについては、検索エンジンで用語検索などをして知識を補足するのもいいでしょう。

Ｗｅｂ情報だけに頼らずに、ときには他の紙媒体や時事用語事典などでフォローすることも忘れてはいけません。

つまり、メルマガ自体はあくまで関心を持つきっかけにすぎないということです。そこにラインナップされたヘッドラインやサマリーを要約情報に昇格させるためには、その情報の業界内での位置づけや、背景情報などもきちんと〝探り〟を入れておく必要があるのです。

ヘッドラインによって喚起された関心が、情報の中身そのものへのアクセスにつながり、そこで新たに生じた疑問とその解消作業が、少しずつ自分なりの要約情報を形成することになるわけです。

第5章

要約力を活かす
ビジネス発想・ビジネス行動の掟

1 消費者ニーズを要約力で的確につかむ

景気の低迷は相変わらずですが、それでも企業、個人ともに「勝ち組」というグループは存在しています。ここで、あらためて勝ち組の条件を考えてみましょう。

ワンフレーズで要約すると「時代のニーズ、置かれた環境のニーズをいち早く察知し、スピーディに対応できる柔軟性と実行力」——これが、勝ち組企業や、勝ち組ビジネスパーソンの条件になるのではないでしょうか。

経済全体が右肩上がりだったころは新製品を出して宣伝すれば、それなりの結果が出ました。あるいはビジネスパーソン一人ひとりのレベルでも、企画提案を出せば、わりとすんなり通ったのがバブル時代です。

翻って、現在。消費者の財布のヒモは固くなり、しかも消費者ニーズはきわめて流動的で多様化しています。新商品や新サービスの戦略を打ち出すにしても、企業としては、非常に慎重にならざるを得ない状況です。

社内で企画案を通すにしても、厳しく策定された経営戦略・事業戦略に合致したものでなければ、なかなかゴーサインが出ないといった状況が続いています。

こんな時代に何をさておいても重要になってくるのは、企業の事業展開においても、個々人の業務遂行においても、ニーズを的確に吸い上げ、その後のアクションに結び付けていくマーケティング力です。

デフレ経済になって、消費者ニーズの一つの捉え方として、低価格路線というのがあった。しかし、現在は「低価格」だけでは、消費者はついてきません。かつて破竹の勢いで売上と利益を伸ばしてきたユニクロが、戦略の建て直しを迫られているのも、あるいは、〝デフレ価格〟の火つけ役ともいわれたマクドナルドがたびたび価格戦略の変更を迫られたのも、多様で流動的な消費者ニーズをつかみあぐねたからにほかなりません。

一方で、ルイヴィトンに代表される高級ブランド店が、銀座や六本木などの一等地、商業ビルに進出し、オープン前日には徹夜の行列までできるという状況が生まれています。高いものでも、それなりの価値を見出せるものには、消費者は動くのです。お金が世の中を回っていくのです。

高級ブランド店には、長年にわたり築き上げてきたブランド戦略の蓄積があることは言うまでもありません。どのような商品を、どのような消費者層に向けて、どのように打ち出せばいいのか、その要約情報のストックが陳列商品の数にもまして膨大にあるわけです。

では、歴史が浅い企業のように、自ら体得したマーケット・データのない企業が、新たなブランド戦略や販売戦略がとれないかというと、決してそうではありません。

ユニクロが爆発的なブームになったのは、低価格ながらも、品質を「安かろう悪かろう」にはせず、若者の感性にもピタリとはまるブランド戦略が奏功した結果です。

そのユニクロが多角的に経営戦略の見直しをはかり、高級野菜販売という新たなビジネスモデルを打ち立てようとしているのも、徹底したマーケティングに基づいた一つの挑戦です。つまり、ビジネスモデルの要約に、新たな要約情報を加え始めたのです。

飛躍的な躍進を遂げた企業も、一年、二年後にはすぐ戦略の見直しを迫られる時代です。そこで重要なのは、常に消費者ニーズに対して嗅覚を鋭くし、要約情報のストックと強化を怠らない姿勢なのです。

2 企業動向の要約情報を仕入れてリスクマネジメントを

マーケティングの話をもう少し続けましょう。

多くの企業では、昔から対面調査や電話などを使って、さまざまなマーケティング活動を行ってきました。最近では、テレビ、Ｗｅｂサイト、メールなど、マーケティングのツールも多様化してきました。

こうしたマーケティング環境の充実も手伝い、消費者動向に関しては多くの企業がさまざまな要約カプセルを持つようになりました。

しかし今日では、消費者動向のほかにもう一つ重要なマーケティング要素が存在します。それは企業動向というマーケティング・データです。たとえば、資金を提供してくれる投資会社や他の一般企業がどんな事業に関心を持っているのか、といった対企業のマーケティング・データがこれにあたります。

これまでの日本のビジネス社会には、一人勝ちを狙うような、やや閉鎖的な風潮がありました。しかし、そうした時代は終わりを告げ、企業合併や異業種・同業種を問わない事業提携で生き残りをはかることが常識となりました。その理由は大きく二つあります。

第一に相手の技術を借りることで、開発費負担が避けられます。もう一つが、その新規事業が失敗した際のリスク負担を軽減するためのリスクマネジメントです。

このリスクマネジメント力を強化するうえで役立つのが、企業動向データという要約情報です。

多くの企業にはマーケティング部というセクションがあります。しかしそうした部員の中で、たとえば懇意にしている証券アナリストがいるという人は、おそらく少ないのではないでしょうか。

証券アナリストは、企業動向の専門家の代表格です。こうした立場の人とつき合いがあれば、さまざまな業界の動向にも通じることができます。どんな企業がどんな戦略を考えているか。どんなビジネスパートナーを探しているか。そんな要約情報が、新たなビジネスチャンスの突破口を開いてくれることもあるはずです。

企業動向という要約情報があれば、消費者ニーズの変化により新規市場・販売網の開拓や商品開発などを迫られた際にも、提携戦略など有効な手段をいちはやく打ち出すことができます。万が一、提携事業戦略がうまく進まなかったとしても、一社だけで負うリスクを軽減することはできます。

ニーズに対応できなければ商品は売れません。しかし、果敢な決断とスピーディな対応にリスクは少なからずついて回ります。

消費者データと企業データという二つの要約分野を見据え、要約情報の蓄積と強化を日ごろから行っていれば、事業提携も視野に入れた商品企画力だけでなく、そこで発生するリスクマネジメント力も強化することができるというわけです。

３　求められる「プロジェクト・マネージャーとしての要約力」

最近は、新規事業など一つのプロジェクトを統括する立場の人を、プロジェクト・マネージャー（ＰＭ）と言います。このプロジェクト・マネージャーは今、企業の間でもっともニーズの高い人材と言えます。

プロジェクト・マネージャーの役割を簡単に言えば、プロジェクトに与えられた予算、スケジュール、人員を管理し、ゴールを設定して事業を遂行すること。いわばプロジェクト版プチＣＥＯ（最高経営責任者）にあたり、高度な経営感覚が求められます。

優秀なプロジェクト・マネージャーの必須スキルとしてまず必要なのが、財務管理能力です。本来、企業財務と言えば、経理・会計だけでなく、融資や投資による資金調達手段や、収支計画の策定・管理能力も問われます。

つまりプチＣＥＯとしてのプロジェクト・マネージャーは、たんに予算管理面だけでなく、事業としての収益の確保、ときにはプロジェクトに関わる資金がショートした場合の対応なども考えなければなりません。

こうした財務管理能力は、事業戦略部門や財務管理部門など特定のセクションに勤務した経験者なら別ですが、通常の業務ではなかなか身に付きません。ですから、一般の人がプロジェクト・マネージャーを目指す際には、ビジネススクールなどで専門的な勉強をする必要もあるでしょう。

財務というのは、企業にとって事業資金という血液を循環させる心臓機能といえます。これを学ぶことで増える要約カプセルは、ビジネスキャリアを築く上でとても貴重なものになります。

というのは、財務管理は、会計の知識や、経営指標の理解だけにとどまるわけではないからです。人を配置し、事業を計画通りに遂行し、そしてお金の融通をするために、プレゼンテーションも必要になります。そのすべてが財務に関わってくるのです。事業資金の調達と運用を核とする、さまざまなビジネス行動を学ぶことになり、その一つ一つがプロジェクト・マネージャーとしての要約カプセルになるのです。

プロジェクト・マネージャーには、財務管理能力以外にも、基本的な業務遂行能力としてスケジュール管理能力も問われます。もちろん、プロジェクトの進行状況をチェックすればいいというわけではありません。問題は、予定通り進行させるために、どう人を動かすか。つまり、スケジュール管理能力とは、リーダーとしての統率力と言い換えることも

プロジェクト・マネージャーの要約力

●予算管理（財務分析）

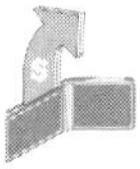

主な要約事項

・プロジェクトにいくら必要か？
・予算が足りなくなったらどうするか？
・どのくらいの売り上げがいつ発生するか？

●スケジュール管理

主な要約事項

・プロジェクト始動前後までのスケジュール立案
・スケジュールが変動する可能性とその対策

●人材管理

主な要約事項

・プロジェクトの立ち上げ及び運営に必要な人員の確保
・プロジェクトの立ち上げ及び運営にともなう
　モチベーションの向上とメンタルケアー

●リスク管理

主な要約事項

・上記のすべてにおいてリスク分析する

できます。

プロジェクトに関わるスタッフのモチベーションをどう高め、共通のゴールへと向かわせるか。進行の遅れやスタッフの不満が生じたときに、その問題点をどう取り除き、働きやすい環境をつくるか。ここで問われるのが、スタッフと円滑な意思疎通をはかっていくコミュニケーション・スキルです。

対人関係の要約力に関しては第6章で詳しく述べますが、スタッフに意向を伝えるときの要約力、意見を聞くときの要約力、そしてスタッフの性格や人格的な側面を把握するときの要約力など、さまざまな要約スキルが必要になってきます。

こうして業務と人心の掌握をしながら、ゴールに向かってプロジェクトを進行させていくのがプロジェクト・マネージャーなのですが、そのプロセスでは、前述した「分析→仮説→検証→修正」の思考・行動サイクルを随所で回していかなければなりません。

プロジェクトを無事軌道に乗せるまでは、プロジェクト・マネージャーはかなりの要約情報をリファレンスし、社内で同時進行しているプロジェクトから得た要約情報を想起して関連づけたり、ときには調整もはかりながら、新たな要約情報を生み出していくことになります。プロジェクトの進行と同時に、自らの要約の強化もはかっていくことになるのです。

4 要約力を武器にするコンサルティング型営

プロジェクト・マネージャーの活躍で新規事業が立ち上がると、事業を運営していくための販売・営業戦略が大きなカギを握るようになります。ここで活躍する営業スタッフにとってもまた、要約力は欠かせないビジネス・スキルです。

営業スタッフが要約力について最初に頭に浮かべるとすれば、「売ろうとしている商品、サービスについての要約」ではないかと思います。それはもちろん大切ですし、お客さんが価格やコストについて関心を持っているのなら、その話をしたほうが現実的です。

ただし、新規事業分野で、顧客の関心分野について手探りの状態が続くときは、セールストーク一つ取っても、複数のパターンを用意しておいたほうがいいでしょう。大切なのは、お客さんの反応を見ながら、攻め方を変えていける臨機応変さです。

そのために欠かせないのが、要約カプセルを入れた引き出しの数です。

要約情報とは、直線的な思考プロセスの結果として導き出されるものではなく、連想や関連づけなど同時並行的な思考から生み出される、情報のエッセンスなのです。直線的な思考に頼ると、結論はこれしかない！　とばかりに、感覚的なキャッチコピーで説得をはかろうとする感覚も生まれてしまいがちです。

しかし、要約力は決して「キャッチコピー力」ではありません。むしろ、そのキャッチコピーのあとで、なぜその商品やサービスがすばらしいのかを論理的に説明する、ボディーコピーに近いものです。

しかも、その論理は我田引水の論理であってはならない。あくまで、相手が納得する論理でなければなりません。ときには「客観的」という言葉すら外さなければいけないかもしれません。なぜなら、その客観性を判断するのは、あなたではなく、あくまでお客さんだからです。

いくらあなたが、これが世間の常識だと考えても、その常識感度が、お客さんのこれまでの生活環境から照らして「常識」となり得なければ、常識の押しつけになってしまうのです。

自動車の営業を例に考えてみましょう。

必要となる要約情報は、エンジン性能、安全性、快適性、燃費を含めた環境性能、値段など、さまざまなケースが考えられます。しかも、特定のモデルについて知っていればいいわけではなく、市場の相場観を踏まえた上で、他社の競合モデルのことも頭に入れながら、情報を提供しなければなりません。

そして、お客さんに話すときは、あっちの引き出し、こっちの引き出しと要約カプセルを取り出しながら、相手の反応を探っていくことになります。

いくら優れたエンジン性能がセールスポイントのクルマでも、メカニズム的なことがほとんどわからない人に、エンジン性能をとくとくと話しても、説得力ある客観情報とは言えません。環境性能が業界随一のクルマでも、とにかくスピード、高性能のモデルがほしいという人に、「こんなクルマを持つことが今の常識」などと言っても、お客さんにとっては常識でも何でもないのです。

会社を代表する営業マンですから、最初は自社がアピールしたいセールスポイントを強調するでしょう。しかし、お客さんが重点を置くのは、性能なのかスタイリングなのか、あるいは価格なのか。それを見極めていく眼力が必要になってきます。

お客さんがあるセールスポイントで高い反応を示したとすれば、その反応が営業マンにとっては新たな要約情報になる。お客の心理に関する要約情報は、日ごろから蓄えていたセールストークに関する要約情報とブレンドされて、新たな要約情報になる。

つまり、セールスの現場で強化された要約情報です。これを即座に、臨機応変に作れるかどうかが、優秀なセールスマンになれるかどうかの違いなのです。

要約力を使って相手の反応を読みながらニーズを的確につかみ、強化された要約情報を新たに提示していく。営業分野においては現在、こうしたコンサルティング型営業のニーズが非常に高まっています。これまでの営業はどちらかといえば、一方的な押しつけ型が主流でした。しかし現在では、相手のニーズを引き出し、そのリクエストに応える商品やサービスを提案をするのが、最も効率的な営業方法と言われています。

5 メモの取り方しだいで会議は活性化する

さてここからは、職種に関係なく誰もが経験するビジネスシーンでの要約力を考えてみましょう。まずは「会議」です。

毎日の仕事の中で、会議、ミーティングは最も要約力が求められる分野です。参加している人全員の言い分を要約しなければいけないし、もちろん、自分の意見も要約して発言しなければいけない。社内で要約力と論理力を発揮する絶好の機会といえます。

会議でまず大切なことは、各発言者たちの要約情報をその場でどんどん記録していくことです。最近では、ノートパソコン持参で会議に臨む人も多いようですが、私は手書きのメモをおすすめします。

受験勉強を思い出してみてください。参考書を読んでいるだけでは頭に残らなくても、手を動かしてノートに書くと、読むだけよりはるかに理解は進んだはずです。同じ文字を記録するのでも、キーボードを打つのと、手書きで書くことの違いがそこにあります。

なにも脳科学的なメカニズムをお話ししなくても、これは感覚的にわかるのではないでしょうか。キーボードは、漢字を表記する際は、ローマ字かひらがな入力をしたあとに、変換キーをポンと打てば、漢字が表れる。少なくともその「変換」のときには、漢字に対する思考はほとんど働いていないのです。

それに対して、手書きで書こうとすれば、漢字を思い出そうとする。その漢字に込められた意味も想起する。明らかに、手書きで書くときのほうが、頭を使っているのです。その頭の働きが、他の情報の想起や連想、関連づけなどの頭脳活動にも影響していると考えていいのではないでしょうか。

ビジネスシーンでメモをする際にも、同様の効果があると考えられます。ただし、会議でのメモは、講義を受講する際のメモとは違います。講義で教授がしゃべるように、一人の話者が整然と論点を整理して話してくれるわけではありません。

フリートーキングに近いような会議では、全体の討議の流れや発言者の発言内容そのものも、錯綜したり脈絡のない話になることも考えられます。その要点をどうメモしていくか。まさに、メモする側の要約力が問われるのです。

通常は、発言の順番に沿って、気付いた点をメモすることになるでしょうが、メモする目的が、発言者を基準にまとめることに意味があるのか、会議全体としてまとめるべきことをメモすることに意味があるのか、その点をまず押さえておく必要があるでしょう。

さらに重要なのは、単なる記録ではなく、あくまで要点をまとめることに意味があることです。発言順に書き連ねるのではなく、「とどのつまりは……」と自問する形でメモをとっていく。ときには、前に書いたことを消してでも、書き直す。同じ人の前の発言や他の人の発言との関連性があれば、矢印も引っ張る。

誰かの発言内容に、「うん、そうだな」と得心することもあれば、「え、な何を根拠に?」と疑問点が生じることもあるでしょう。そんな自らの心中の〝発言〟でさえ、メモの対象になるのです。

要は、参加者の発言内容の要点を書き記すと同時に、自分の思考活動の痕跡を併せてメモしていくのです。23ページで示した、要約のイメージ図でいえば、前者のメモが第一段階の要約にあたり、後者のメモが第二段階の要約になります。

自分の思考活動の痕跡を残しながらのメモ、これが単なる講義の記録と異なる点です。常に発言内容を吟味して、ときには反芻しながら、要約頭脳を働かせていくのです。

会議でのメモが要約力を高める

●メモの第一段階

発言者の要旨をメモする

頭の中で整理・要約する

●メモの第二段階

各発言に対する自分のコメントを付加していく

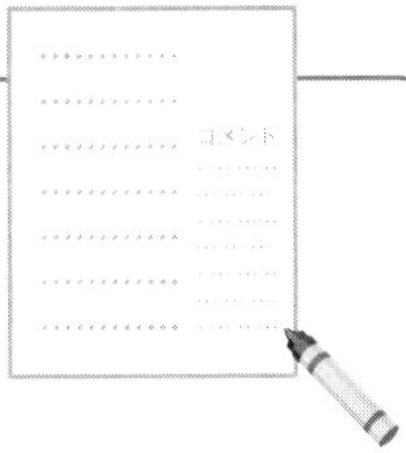

各意見に対する自分の意見の要約

会 議 の 充 実

こんなメモの取り方をしていれば、いざ自分が発言する段になっても、あわてずに疑問点や自分の意見を、的確な要約情報として提示できるはずです。

一参加者ではなく、あなたが会議の仕切り役を担うときにも、この〝メモ原則〟をもっていれば、討議の方向性を的確につかんだうえで、それまでの討議内容の要点をまとめて提示したり、さらに討議すべき内容を参加者に提言できるようになるはずです。そんな要約上手の仕切り役がいれば、会議も活発なものになるに違いありません。

ただ、討議がヒートアップしてくると、人によっては感情的な反応を示すことがあります。そんなときにこそ、仕切り役の冷静な要約の出番といえます。話の論点の要約さえきちんとできる人がいれば、議論そのものは活発なものになるのです。

私もときどき出演している『朝まで生テレビ』などは、出席者が互いに自分の正当性を主張して相手を言い負かすような番組ですから、発言は自然と過激になるし、司会の田原総一朗さんも参加者をときにおだて、ときにあおって、番組を盛り上げます。

しかしそんな田原さんも、よく聞いていると、「○○さんはこう、○○さんはこう、それなら、○○さんはどう思う?」と、じつは発言者の話を要約し、考えやすいように導いているのです。

6 ビジネス文書は、要約と論理の定型パターンを覚える

社内外に提出するビジネス文書の作成は、最も日常的な業務の一つと言っていいでしょう。

文書の作成と言うと、文章力・国語力がキメ手になると考える人もいるかもしれませんが、ことビジネス文書に限って言えば、文章力や国語力はそれほど問題ではない。要は、定型パターンを覚えてしまえばいいのです。じつは、その定型パターンの習慣が、知らず知らずのうちに文章力の上達にもなるのです。

私は高校時代、国語は「落ちこぼれ」と言っていい成績でした。数学と英語と理科がそれなりにできたので、東大に合格できたようなものです。そんな私が、現在のような著作活動ができるようになったのは、型にはまった文章を徹底的に書いてみたからです。

研究論文もそうですが、学習に関する実用的な文書も書いたし、企画書も数えきれないほど書いた。ビジネス文書で使う定型パターンの文書もずいぶんと書きました。

そんな〝修業〟がいつのまにか、私の筆力をあげてくれたのです。

皆さんも会社ではさまざまな文書を書く機会があるはずです。企画書や報告書、プレゼ

ン資料などの作成。あるいは、電子メールがビジネス・コミュニケーションの重要ツールになっている今日では、文字通り、毎日手紙を書いているようなものです。

そのようなビジネス文書の世界と、小説やエッセイなど文芸の世界で言われる文章力には、本質的な違いがあります。

小説やエッセイでの文章は、いわば「表現に気をつかった文章」です。心象風景や季節感、暗喩や隠喩、倒置法などさまざまな表現方法が駆使され、表現対象のとらえ方や、構成の仕方にいたるまで、想像力が問われる世界です。それに対して、ビジネスの現場で求められるうまい文章とは、「論旨が明確」で「わかりやすい」文章です。にもかかわらず、自分は名文が書けないからビジネス文書も苦手と、決め込んでいる人が多いのです。

ビジネス文書に〝名文〟なんて、さらさら必要ない。表現がうまいとか、語彙《ごい》が豊富だとか、それも関係ない。伝えるべきことを、筋道立てて、わかりやすく記述することがすべてなのです。別な言い方をすれば、文章として情報を出す順番を、相手がわかりやすいように並べるだけの話なのです。

「いとも簡単に言ってくれるじゃないの」

そんなふうに思う読者の方もいるかもしれませんが、これは私自身が体験してきたことです。都合のいいことに、ビジネス文書には、「下記の点、ご検討のほど、なにとぞよろしくお願いします」などと、要所要所に使える定型句がふんだんにあります。

そのパターンを身につけてしまえば、決して苦になる作業ではないのです。書くこと自体が苦にならなければ、ビジネス文書以外に文章を書くようなときでも、けっこうすらすら書けるようになるのです。

これは「型」が身に付くからです。「要約の型」あるいは「論理の型」と言ってもいいでしょう。ビジネス文書に欠かせない要約の仕方や論理の展開方法が、定型パターンの文章を何度も書き続けることで、自分のスタイルとして使えるようになるのです。

型が一つ一つ身に付けば、やがて、型と型の連携も可能になるし、幾種類もの型のバリエーションもできます。これは、要約情報のリファレンスやブレンドをしながら、要約の強化をしていくプロセスと似ています。

英米圏の国語教育では、高度な文章表現を使った小説やエッセイより、論説文を読むことを基本とし、レポートも起承転結のパターンを統一させた、型にはまった文章を徹底的に書かされるといいます。

ビジネス文書の世界では、創造性よりも、まず型を身に付けること。その積み重ねが、要約強化のトレーニングにもなるのです。

7 ビジネスでは「起承転結」ではなく「起結承転」となる

文章作法を語るときに、よく「起承転結」ということが言われます。もともと漢詩を作るときの作法の一つでしたが、のちに、小説などでも構成を考える際の指針とされるようになりました。

「起」は物語の始まり。「承」はその物語を広く展開するパート。「転」は物語の転換をする箇所。読者に「あれっ？」「おやっ？」と思わせるところです。そして、「結」は物語の大団円。結びとなるパートです。

この起承転結は、小説だけでなく、評論やシナリオから作文にいたるまで、文章によって構成されるあるゆる作品の作法として語られています。

しかし、私には、この起承転結の法則は、少なくともビジネス文書のルールには必ずしも当てはまらないような気がします。

冒頭の「起」は、いわば「つかみ」ともいえる部分です。落語でいえば「枕」になります。お客さん、つまりは読者の心を最初につかむパートになります。ビジネス文書でも、冒頭で問題提起をしたり、テーマを最初に打ち出すことはよくあります。

この「起」については、文芸の世界もビジネス文書の世界も似たようなものだと思うのですが、決定的に違うのは、第二の構成要素です。

ビジネス文書では通常、結論ありき。つまり、冒頭で問題提起やテーマ設定をしたあとは、「結」が先にきます。そのあとに、なぜそのような結論に達したのか理由を説明する。それが「承」の部分といえます。

さらに理由を説明して、提示した結論に納得してもらえれば、今後の方策や課題について、話を転じて、相手に問題意識を植えつけたり課題を提起する。それが「転」というわけです。

つまり、ビジネス文書の世界では、話を転がしておいて、今後の対策を提起したり、相手が動くよう仕向けたりする。話は、めでたしめでたしで終わらないぞ、というところがあるのではないでしょうか。

起承転結ではなく「起結承転」、それがビジネス文書構成の要諦ではないかと思うのです。文書の世界だけでなく、ビジネス・コミュニケーションではすべて、「最後に転がして次につなげる」ことが大事なのではないでしょうか。

要約強化の思考・行動サイクル「分析→仮説→検証→修正」と、この「起結承転」がなんとなく合致するような気がしませんか？

分析は、自分自身の思考活動の起点ともいえる、問題の明確化にあたるパートです。仮説は、とりあえず打ち出した、仮の結論です。

さらに仮説を検証するのは、その理由や原因をさぐる段階です。「結」（結論）を受けて、理由を説明する「承」の部分に当たります。そして最後の修正段階については、修正したとはいえ、決してそれで仮説が完結するわけではない。修正後の推移を見守っていくという意味では、「転」にあたるとも言えるのです。

となると、ビジネス・コミュニケーションは、「起結承転→起結承転→起結承転」、この繰り返しのような気がするのです。物語性のある作品が一話で完結するような世界ではなく、一つのテーマやプロジェクトが、次のテーマやプロジェクトにつながる。あるいは、次のテーマやプロジェクトを導き出すために、今のテーマやプロジェクトがある。

これは、常に「分析→仮説→検証→修正」を繰り返す要約の強化と同じではないでしょうか。

ただし、それでも最後にそれなりの結論をつけておかないと説得力も持たないし、行動に移せないことも付記したいと思います。

8　プレゼンは結論ありき。しかし結論に縛られるな

より積極的な「攻めの経営」が求められる現在のビジネスでは、プレゼンテーションは、事業戦略の成否を左右する最重要ステージと言えるでしょう。取引先へのプレゼンだけでなく、社内で企画案などのプレゼンをするケースもあるはずです。それもまた、あなたの社内評価を大きく左右するという意味では、やはり最重要ステージです。

もう一つ、本書のテーマである要約の観点から見ても、プレゼンは要約力が試されるメイン・ステージと考えていいでしょう。

まず、要約情報のストックという点から、プレゼンを考えてみましょう。

社内のプレゼンでも対外的なプレゼンでも、あるプレゼン・テーマがあなたに与えられたとき、最初に必要な情報を集めようとするはずです。

提案内容のバックボーンとなる市場規模や消費者動向などさまざまな基礎データが必要になってくるとします。そんなとき、おっとり刀で、情報の在り処を探すのではなく、日頃から要約情報がストックされていれば、プレゼンのシナリオを考えるのも、ずっとスピーディになるはずです。

そのシナリオを考えるにあたっても、一つ一つの要約情報について自分なりの視点で咀嚼されていれば、つまり要約の強化が行われていれば、論理を組み立てるのも非常にスムーズにいくはずです。

要約の強化とは、前述のように、フローとしての要約情報になっていることです。あなたの思考活動のネットワークの中で、要約情報がフロー（流れ）として行き交い、付加価値を持つ新たな要約情報を生み出す。そんな状態ができていれば、プレゼンのコンセプトを打ち立てるのも、緻密なシナリオを練るのも、自由自在というわけです。

付加価値を持つフローとしての要約情報は、あなたの思考活動の中から飛び出て、対外的な表現内容となったとき、さらにパワーを発揮します。

あなたの要約情報に基づいて作られたプレゼン資料の一つ一つは、相手に伝えるべきテーマ、分析内容、結論、裏づけとなるデータ、それぞれが要約された内容になっているはずです。

たとえば、自社のソリューション・サービスを導入するメリットについて図解する。その図解自体が、メリットについての理解を深めるための要約です。あるいは導入手順をフローチャートで示す。これも図示による要約です。

価格や利便性から見た、自社製品の市場でのポジショニング、アフターサービスのしくみ等々、アピールすべきポイントを強調して表現されたプレゼン・シートの一つ一つは、その強調の仕方そのものが要約になっているわけです。

図解によるわかりやすい資料作りだけでなく、プレゼン全体の構成（シナリオ）についても、要約の技法は必要でしょう。

たとえば、ビジネス文書の要約で「起結承転」ということを言いましたが、プレゼンのシナリオ作りも、この「起結承転」で考えることもできる。

まず「起」はプレゼンのテーマの提示ですから、これは問題ないでしょう。重要なのは、その次の「結」、つまり結論の提示です。

自社サービス導入のメリットについて、こんな点がある、と結論を提示したとします。サービスを導入すれば、結果的にこんなメリットを享受できる、そんな文脈の中では、たしかに結論といえますが、それは決して、相手にとっての結論ではありません。

また、プレゼン・ストーリーの結論とも言えません。話を進めるうえで、仮に出した結論と言うべきものです。

では、なぜその仮の結論が大切かといえば、プレゼンでは、相手の反応を探りながらの柔軟な対応が大切だからです。

いくつか並べたメリットのうち、相手はどの点に強い反応を示すのかに注目します。

価格か？　利便性か？　販売増への期待か？

その反応次第で、説明するうえでの強調点も違ってくるはずです。場合によったら、他社サービスに対する優位性を「第二の結論」として繰り上げたほうがいいかもしれない。

前の日まで一生懸命考えたプレゼン・ストーリーを、そんなに簡単に変えられるもんか、とあなたは思うかもしれません。

もちろん、用意した資料の内容や提示する順番をその場で変更するようなことはできないでしょう。

ただ私が言いたいのは、用意する資料にしても、プレゼン・トークの内容にしても、強調点を適宜変えられるような柔軟性あるものにしておくべきだということです。直線的な話の組み立てや、シナリオの構成では、ややもすると「外す」危険がある。

要約の思考・行動サイクル「分析→仮説→検証→修正」というプロセスは、プレゼンの準備段階だけでなく、プレゼンの現場でも、フレキシブルな思考・行動スタイルとして、瞬時に発揮すべきものなのです。

「起結承転」の「承」とは、そんな相手の反応を受けての、ストーリー全体のターニングポイントと考えていいでしょう。つまり相手の話を承っての対応というわけです。

そんな臨機応変の対応を可能にするのが、やはりあなたの要約力です。

相手の反応によって使い分けるデータ、論拠、たとえ話等々、さまざまな要約カプセルが引き出しにあれば、あわてることなく対応できるというわけです。

「承」を乗り越えることができれば、「転」の段階は、意外とスムーズにいくものです。「承」でデータを提示したら、「転」では情緒面から、相手にボールを投げかけるのもいいでしょう。

たとえば、新規事業展開を提案するプレゼンだった場合、「同じ業績回復効果が期待できるときに、リストラを選びますか？　それとも売上増による前向きな戦略を選びますか？」と投げかかる。

情緒的な日本の経営者にとっては、リストラに踏み切るのは勇気がいることです。そのリストラを選ばずに業績を回復できる道があるなら、そちらを選びたいところでしょう。こうした経営者特有の情緒に訴えるのです。

そんなボールを相手の前に転がして、あとは意思決定を待つ。そのときもたらされる結論こそが、本当の意味でのプレゼンの結論です。

9 現状把握は「形容詞」ではなく「数字」で

ビジネス文書やプレゼン・トークなど、言葉による要約表現をするときの注意点を一つあげておきましょう。それは、形容詞の使い方です。

形容詞は、対象とするものごとを表現するときに、文字通り形容する言葉です。理解を深めたり、実感をつかんでもらうために形容するのですが、じつはその形容の内容には大きな幅があるのです。

今私が使った「大きな」という形容詞も、ある人には「とてつもなく大きく」思えるかもしれないし、ある人にとっては「それくらいなら小さい」と思えるはずです。

このように「大きい」「高い」「長い」などといった形容詞は、じつはあいまいなのです。

ビジネス・コミュニケーションで大切なのは、いかに正確な情報を相手に伝えるかです。問題解決に直面したときにも、まずは現状を正確に関係者に伝えなければなりません。そして正確な情報を集め、要約し、あらゆる視点から解決の手段を探るわけです。

ところが現実には、事態を正確に伝えたつもりが、相手に思わぬ誤解を与えることが往々にしてある。正確に状況を伝えたり把握するのは、簡単なようでいてとてもむずかしい作業なのです。

もし、事業活動の意思決定をする場面で現状が過大・過小評価されてしまえば、無駄な投資をしたり、貴重なビジネスチャンスを逃す結果になりかねません。この過大評価、過小評価を招く要因の一つが、形容詞の濫用や不適切な使い方ではないかと、私は思っています。

たとえば「巨額の不良債権」と言う。いったい「巨額」とは何を基準にしているのか？たとえ「二兆三千億円の不良債権」といわれたとしても、それがどれほどのものなのか、庶民感覚としてはしっくりときません。

あるいは日銀の短観（企業短期経済観測調査）などで使われる「ゆるやかな景気回復」。この「ゆるやかな」という形容詞の表現内容自体にはまったく内実がない。「ゆるやかさ」の度合いを表す比率もなければ角度もない。聞くほうは、過去の表現と比べてどうかという、あくまで相対的な印象で、良くなっているか、悪くなっているかを判断するしかないのです。

ビジネス現場では、このようなあいまい表現は許されないと考えるべきでしょう。

業務の進行状況の報告を受けるとき、「明るい」「暗い」という形容詞で返事が返ってきても、それは要約情報として使えません。どのように明るい展望が開けているのか、どれくらい暗い状況なのか、それが数字を伴う表現になっていなければ、まったく意味をなしません。

数字で表すにしても、前述の不良債権額のように、実感できないものであったり、数字だけがこれみよがしに独り歩きするような自己満足表現は慎むべきでしょう。

プレゼンなどで統計データを示す際にも、数字だけを並べるのではなく、たとえ話で表現することも必要です。

よく広さを表すのに、「東京ドーム何杯分」と言います。離婚率の高さを表すときに「○分に一組が離婚している」などとも言うでしょう。

このたとえ話も、一種の要約です。自分なりに言い換えてみようと工夫した時点で、それは強化された要約になるのです。

うかつに形容詞を並べたり、実感のない数字をそのまま出すのではなく、相手の理解、わかりやすさを配慮したうえで表現できるのが、要約の達人と言えます。

第6章

仕事もスムーズにはかどる対人関係の要約法

1 これからのリーダーに求められる「送受信型の要約力」

リーダーシップは、ビジネスパーソンにとって重要なヒューマンスキルです。私はリーダーシップを発揮できる人のタイプを、メールにたとえて「送受信型」と名づけています。自らどんどん発信して周りを引っ張っていき、それと同時に周囲の意見をどんどん採り入れ、それを改善案として再び発信していく。これがリーダーシップの理想型ではないでしょうか。

ただし、先に「受信」ありきではない。あくまで自分がまず「発信」するという発信優先型の人です。単に「発信型」と言ってしまうと、ではなんでも発信するだけで済むのかと、大きな勘違いをされかねないので、「送受信型」という表現をします。

つまり優れた発信型の人は、受信能力も優れているということです。

前章で、会議のときに発言者の意見を要約することが、自然と自分の意見を要約することにもなる、と書きました。つまりメールの送受信と同じく、人間のアンテナも送信装置であると同時に受信装置でもあるのです。

ただ人によっては、送信する一方で受信を拒否する。いわゆる聞く耳を持たないタイプがいるのも事実です。要約力という観点から見てもこれはとても損な性格です。

リーダーとしてふさわしいのは、聞き上手な人です。受信する、つまり聞くことから得る情報はとても多いわけです。たとえば、雑誌や本を読んでもなかなか理解できないテーマについて、詳しい人に聞いてみると、「あ、なるほど」とあっさりわかることがよくある。その人の、すでに完成した「要約」があなたの理解を助けてくれるからです。

つまり、聞き上手になることで、自分の引き出しにもいろんな要約カプセルが作られていくのです。そして受信ボックスに要約カプセルの量が増えれば、それは発信できる情報が増えることにもつながります。

ここで注意してほしいのは、受信情報が正しいかどうかの検証です。あくまで自分なりにしっかり検証したうえで、自分の要約カプセルとして加工しておかないと、いわゆる知ったかぶりになってしまう場合が出てきます。

また、聞き上手は幅広い人脈作りにも役立ちます。人は自分の話を聞いてもらうことで親近感を覚えます。仕事上の付き合いでも、男女関係でも、本当に信頼されるのは聞き上手です。こうして得た信頼関係はリーダーシップを支える重要な要素です。幅広い人脈からのいろんな要約情報を送受信することで、グループ内の人たちへも要約情報の共有化を可能にします。つまり、リーダーとしての価値がそれだけ高まるのです。

2 「要約情報の共有」でコミュニケーションは深まる

前章の会議の要約力でも書いたように、コミュニケーション・スキルと要約力はとても密接なつながりがあります。

私は出版社やマスコミの方から仕事の依頼があると、まずその仕事を受けられるかどうかの「イエス」か「ノー」を明確に伝えます。特に「ノー」の場合、その理由はあとまわしにします。これは理由もなく断っているということではなく、結論をまず提示し、次にその論拠を示すというプロセスの一例としてのエピソードです。

いろんな人とコミュニケーションを取っていると、たまに「結局のところどういう意見なの?」と、思わず目が点になる発言に遭遇することがあるはずです。

これは最初にいろんな言い訳や、その言い訳に至ったプロセスなどが入り込み話をややこしくさせる際に起こります。「その前に結論を」と言いたくなるのをグッとこらえて話をやり過ごし、結論を待ちます。しかしやっと待っていた結論も、「ということできるなら~したいのです」といった希望的観測で結ばれてしまう。これでは聞かされた方も混沌としてしまい、論旨の焦点がボケて目が点になるのです。

コミュニケーション・スキルと要約力

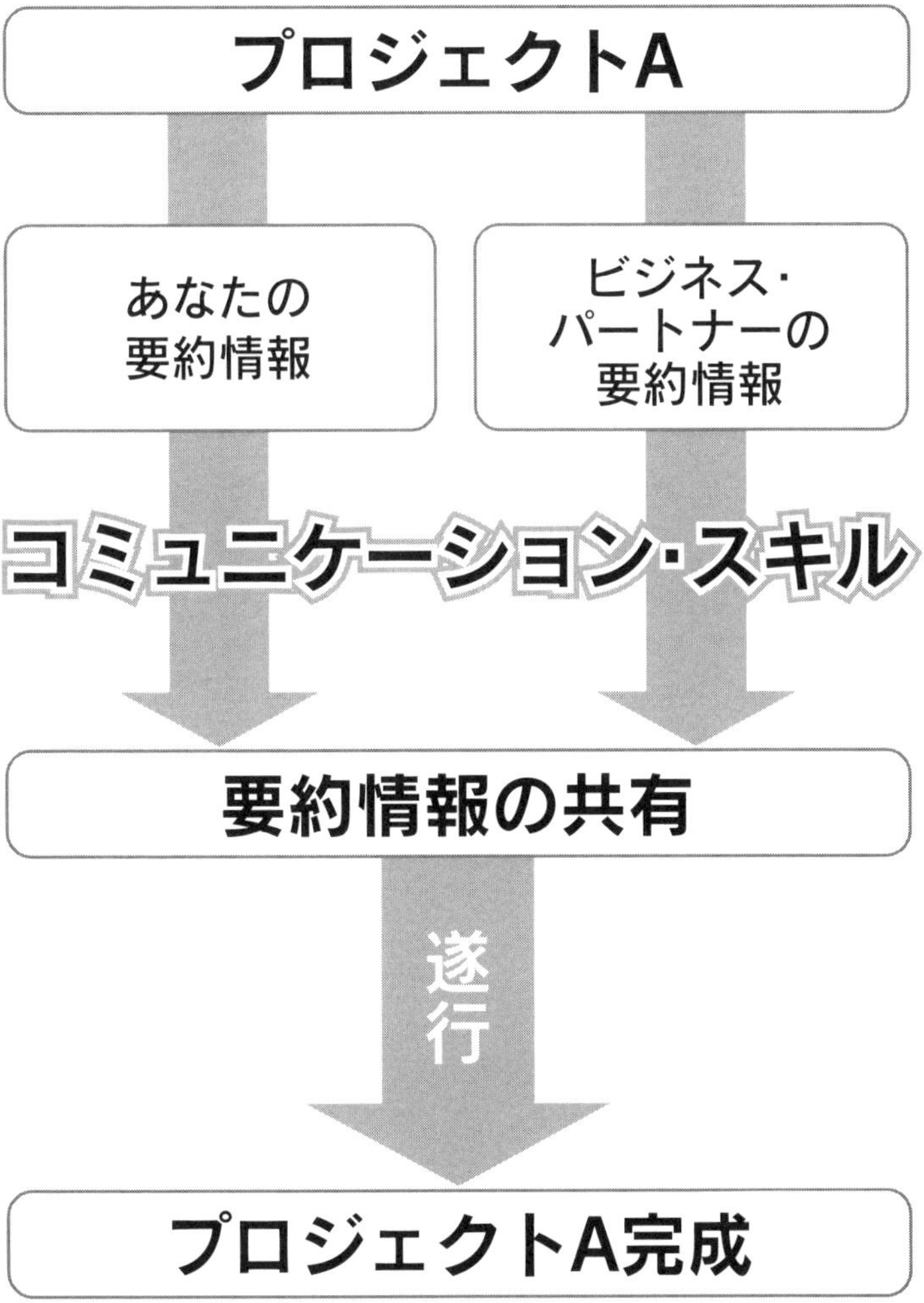

たとえ相手の論点があやふやだったとしても、あなたは相手の結論を取り出していかなければいけません。そうしなければトラブルを招くだけです。

再度相手のいくつかの言葉を再構築し、自分の理解が正しいかどうかの確認作業をしていきます。そこでつくった要約カプセルをつなぎ合わせ、相手の結論を一緒になって見つける作業を行うわけです。

会議のシーンと同じく、ビジネス上のコミュニケーションでも、要所要所でお互いの意見を確認し合い、ともに要約カプセル作りをしていくことが重要です。

たとえば、パートナーに「あの仕事やってくれた?」と問いかけて、「いやまだだよ」と返答されましたとします。この場合、では「いつまでにやらなければいけないのか」という、締め切りに関する情報を共有しなければいけません。

このように、会社という共同作業場においてのコミュニケーションとは、「要約情報を共有する」ことでもあるのです。

相手の意見、自分の意見という要約情報をリファレンスさせ、仕事が円滑にいくような共通の基盤作りを行うわけです。こうした相手の意見と自分の意見のすりあわせに意欲的になれば、要約力も高まり、コミュニケーション・スキルが高い、という評価を得られることにもなるのです。

3 人物情報は「好き／嫌い」のフィルターを外して要約する

コミュニケーション意欲とスキルを発揮できる人がいる一方で、逆に意欲がどうしても湧かないという人がいるのも事実です。

それを意識しているかどうかはさておき、人間は誰でも自分の中に情報の引き出しがあり、自分なりの要約カプセルを入れています。そこには、人の情報もしっかり要約カプセルとして入っているのです。その中にはどんな性格かとか、仕事の能率はどうかとか、いろんな情報が入っています。

引き出しの大きさ、形、数は人それぞれで、その容量には際限がないと思ってください。パソコンのハードディスクは、容量が満たされるとそれ以上の情報は保存できません。しかし、外付けのハードディスクを利用すれば、どんどん情報量を増やしていける。人間が持つ情報の引き出しも、外付けハードディスクのようなものだと思えばイメージしやすいでしょう。その気になれば、引き出しの数はいくらでも増やせるのです。

パソコンとの違いは、情報を要約して記憶するとき、「情緒」というフィルターを通すところにあります。

コミュニケーション意欲のわかない人は、多くの場合、それがある特定の人であることが往々にしてあります。そして、この感情フィルターが濃すぎると、どうしても偏った見方をしてしまうことになるのです。

誰にでも「好きなタイプ」と「嫌いなタイプ」がいると思いますが、ビジネスでの人間関係では、この好き／嫌いのフィルターは外したほうがいいと思います。

このフィルターを通してその人を要約すると、自分では自然にふるまっているつもりでも、無意識のうちに行動に表れがちです。嫌いなタイプの人と一緒に仕事をするとき、最初から「なんとなく気が乗らない」ということがあるでしょう。相手はしっかりと仕事をしているのに、嫌いというフィルターが邪魔して冷静な評価ができなくなっているのです。

逆に、好きなタイプの人と一緒なら、たしかに気持ちよく仕事ができるはずです。しかし一方で相手のミスも大目に見てしまい、その結果、重大なミスにつながってしまう。これではせっかく良好だった人間関係にもヒビが入るかもしれません。

要は、好き／嫌いのフィルターを通して、ビジネスパートナーについての要約情報を作ってしまうと、正確かつ論拠のある要約情報にはならないのです。

この偏った要約データが蓄積されると、人間関係の広がりを自ら制限しかねないし、なんらメリットはありません。

好き嫌いのフィルターは〝対人関係の要約〟ではマイナスに！

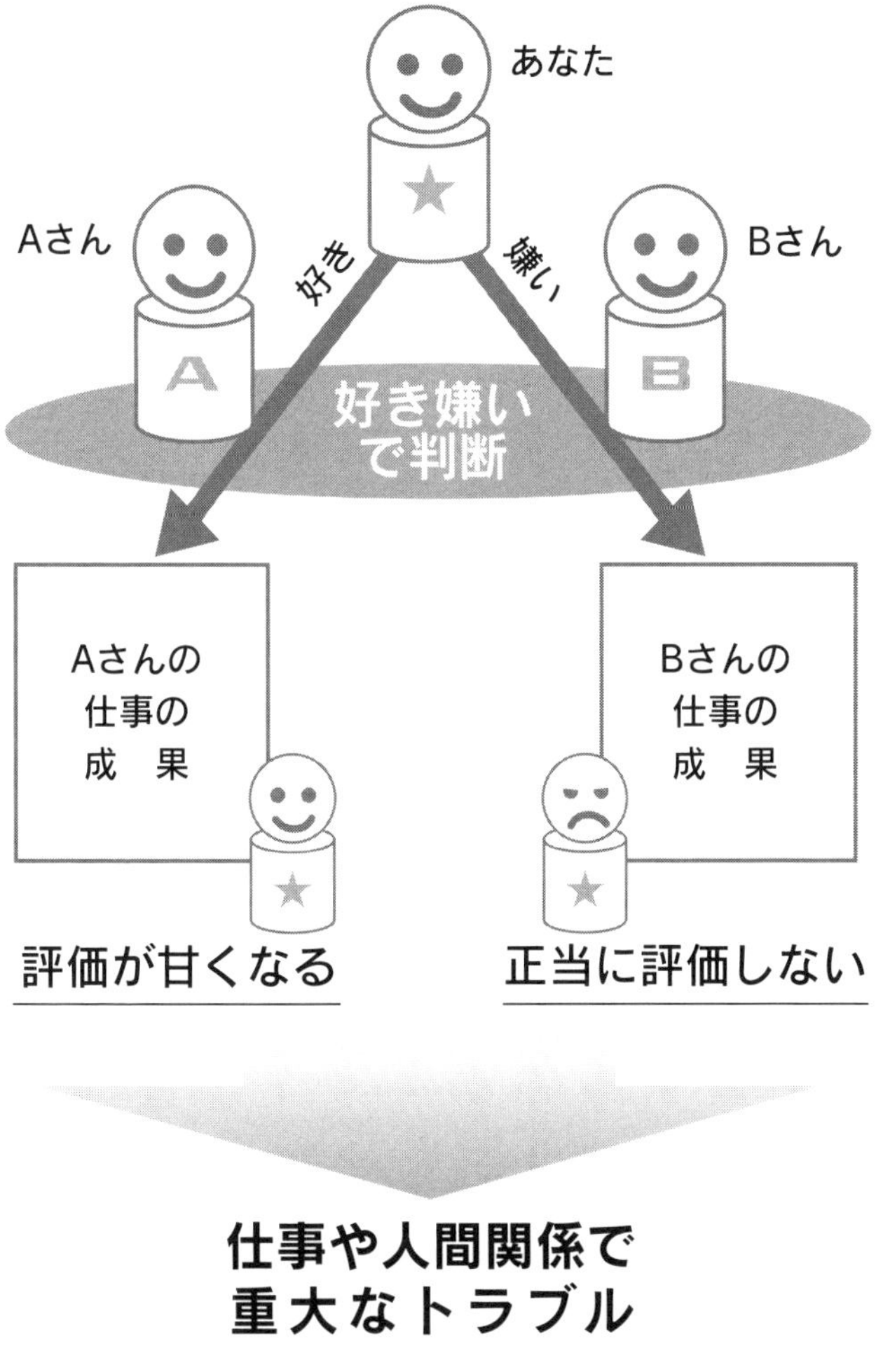

一度、自分がどうやって人と接しているか、客観的に見てください。周りの人たちに聞いてみるのもいいでしょう。「○○さんに厳しすぎる」、「○○さんにはずいぶん甘い」と、あなたには思いもよらなかった答が返ってくるかもしれません。その場合、無意識のうちに、好き／嫌いの感情フィルターを通しているのではないか、と疑ってみるべきです。

4 「対人要約」ができると、付き合い方もわかってくる

自分が作った「人」の要約カプセルを検証してみる際に参考になるのは、好き／嫌いだけではありません。対人関係ではそれぞれが異なるキャラクターを持つだけに、他の心理学的な要素も深く関わってくるためです。私の専門分野の知識をふまえながら、わかりやすいケースを紹介しておきましょう。

私は精神科医の立場から、人間を大きく二つのタイプに分けて考えています。それが「シゾフレ人間」と「メランコ人間」です。シゾフレとは「シゾフレニア（総合失調症＝精神分裂病）」で、メランコは「メラリコリー（うつ病）」から取った言葉です。

正常な人間でも、分裂病的な要素と躁うつ病的な要素を持っていて、どちらかに傾いて

いると私は考えています。両端に分裂病と躁うつ病があるわけですが、正常な人間も、分裂病的資質の濃い「シゾフレ人間」、躁うつ病的資質の濃い「メランコ人間」に分けられると、私は自分の観察をもとに要約しました。

シゾフレ人間の関心は自分ではなく「周りの人」なのです。自分をあまり強く持たないので、周りの意見に左右されやすいのが特徴です。周りの力や運が自分の境遇を決めると思っているので、失敗すると「ついてなかった」、「相手が悪い」となってしまいがちな傾向にあります。また、本音をさらけ出せず、それだけに他人と深い関係を築くのも苦手なようです。

一方、メランコ人間にとっての主役は「自分」で、彼らはあまり周りに流されません。責任感が強く、すべて自分で引き受けようとし、失敗すると自分の責任だと感じてしまいがちです。「自分」をしっかり持っているがゆえに、頼りになる反面、柔軟性や融通性に欠けるところもあります。

あなた自身や周りを見渡して見ると、シゾフレ的、またはメランコ的な傾向のある人がけっこういるのではないでしょうか。

これは、「人間は必ずこの二つのタイプに分かれる」ということではなく、私が精神科医としての視点から「要約」した考え方ですが、人間にはどちらかの割合の多い少ないがあって、シゾフレ人間度が強い・弱い、メランコ人間度が強い・弱いという尺度で観察することができるのです。

もちろん、どちらかが良くて、どちらかが悪い、ではありません。こんなふうに自分なりの人間要約ができていれば、付き合うときに気まずい思いをしなくて済む場合が多いことを注意してほしいのです。

たとえば、酒の席。相手がシゾフレ人間なら、自分の主義主張を話すのは得意ではありませんから、一対一で飲みに行ったり、少人数で語り合うよりも、最初は深い関わりを必要としないカラオケなどに誘ったほうがいいかもしれない。踏み込んだ関係を築くのに、少し時間がかかるタイプだと思って付き合えばいいのです。

逆に、相手がメランコ人間なら、一対一であれ、何人かのグループであれ、その人が主役として語る場を設けたほうがいい。注意したいのは、グループの中に同じタイプのメランコ人間がいる場合。自分が主役でいたいと思う人が二人以上いる場合は、最初はどうしても衝突しがちだからです。

要約力を人間関係に応用する、ひとつの例として挙げておきます。

5 「シゾフレ」と「メランコ」をマネジメントする

続いて、ビジネス現場でのシゾフレ人間、メランコ人間に対するマネジメントのポイントをまとめておきましょう。

状況を限定するために、あなたの上司、部下がシゾフレ／メランコのどちらかとします。現時点では部下を持たない立場の人は、上司になったときの自分を想定して、読み進めてください。

シゾフレ部下に対するマネジメントの基本は、自主性に任せるのは危険、ということです。「自分」をあまり持っていない反面、指示を出せばそつなくこなすケースが多いので、ある種のマニュアルを用意したほうがいいでしょう。

また、価値基準を周りの人に求める傾向が強いので、社内で評判のいい上司なら素直に従うはずです。いきなり責任の重い仕事を任せるのではなく、まずは仕事のできる先輩のサポート的な位置につかせ、ある程度自信が生まれてから、重要な仕事を任せるようにしたほうがいいのではないでしょうか。

付き合いを深めようと酒に誘うのはけっこうですが、もともと深い人間関係を望まないタイプですから、深酒に誘うことによるコミュニケーションは、相手に「うざったい」と思われる可能性も高いのです。

メランコ部下は競争意識が強いので、出世が大きな動機づけになるはずです。責任感も強いので、マニュアルを押しつけるよりも、責任の所在を明確にして、ある程度任せたほうが好結果を期待できるはずです。

人間関係では深いつながりを求めるので、深酒もけっこう。ただし、「話を聞いてあげる」ことを忘れないでください。義理人情にあつく、秩序にもこだわりが強いほうですから、理屈で納得させることもできるはずです。

私はシゾフレ人間、メランコ人間と二つに分けましたが、もちろん、これがすべてではないし、いろんな考え方、類型ができるはずです。今までの経験をもとにして要約し、自分で使いやすい類型ができるなら、それがベストでしょう。

血液型や星占いは、さほど根拠があるものとは思えないので、私はあまり信じていません。それどころか、オートマチックに「A型はこう」、「双子座はこう」と考えてしまうのだとしたら、要約の妨げにもなりかねないでしょう。それよりも、人間観察や心理学など、データの裏づけによる分類のほうが、要約情報として役立つと思います。

シゾフレ人間とメランコ人間

シゾフレ人間		メランコ人間
まわりの人	◀関心▶	自分
弱い	◀自己主張▶	強い
周囲に左右される	◀意見▶	自分の意見を通す
ある	◀柔軟性▶	欠ける
弱い	◀責任感▶	強い
相手のせいにする	◀失敗時▶	自分を責める
発揮できない	◀自主性▶	発揮する
消極的	◀コミュニケーション▶	積極的
弱い	◀出世意欲▶	強い
苦手	◀深いつき合い▶	得意

6 「要約仮説」を修正しながら強化していく

要約力は、「情報を型にはめて整理する」能力ではありません。繰り返しますが大切なのは仮説・検証や修正なのです。最初に引き出しに入れるときは、ある程度大ざっぱな把握で十分です。

私はこれを「要約仮説」と呼びます。しかしその仮説のまま放っておくのでなく、検証したら、修正しながら精度を高めていけばいいのです。

最初から正確に把握しようとすると、要約はむずかしいでしょう。はじめは情報量が限られているか、その分野についての予備知識が少ないか、どちらかであることが多いので、厳密に、正確に把握するのはむずかしいものです。そこであれこれ考えるより、仮説でもいいから引き出しに入れておいて、あとは現場で修正する。

この「要約仮説」は、皆さんが考える以上に重要です。これがあれば、現場でスッと入っていけますが、何もない状態だと直感に頼らなければいけなくなります。これでは、論理的に考えることはできないでしょう。

特に対人関係の場合、初対面で正確に相手を要約するのは困難です。最初は「こういう人なのか」と、大ざっぱに「要約仮説」を把握します。ここで、注意しなければいけないことが一つあります。「要約仮説」を、印象として固定してはいけないということです。「要約仮説」はあくまで仮であり、今後、付き合いをしていく中で、「こういうところもあるのか」と、修正を加えながら、その人の要約情報、つまり人格像をはっきりさせていけばいいのです。

最初の「要約仮説」が「決め付け」になってしまうと、なかなか修正できません。人であれ、本であれ、最初の要約はあくまでも「仮」と心得てください。

私の考える対人関係の要約力は、とてもフレキシブルです。

コンパクトにまとめて決め付けるのではなく、「こういうものなんだろう」と大ざっぱに把握しておいて、少しずつ変えていく。現実と照らし合わせながら柔軟に変えていけば、最終的には限りなく正解に近づくはずです。

活字情報の要約は、ある程度フレームワークに落とし込めますが、人間は人それぞれの個性を持っているので、単純な定型化はできないし、する必要もないと思います。

要約するのがむずかしい対象と言えますが、それだけに、要約力の差もつきやすいのです。人を要約できるようになれば、それは必ず、仕事にも活きてきます。「要約仮説」を持って何かに対処しそして修正する。この繰り返しを忘れないでください。

7 誰が言ったかより、何を言ったかがポイント

対人関係での要約カプセルを作る場合、「決め付け」は良くないと書きました。

これは特に権威主義的な考え方にもあてはまります。

たとえば、権威という肩書きだけで、疑うことなくその人の話を受け入れてしまう傾向があります。

テレビで学者や評論家が話しているのを聞くと、「なるほど」となるし、仕事ができると評判の上司の意見は、「さすが」と思ってしまう。

では、普段あまり出来の良くない部下が同じことを言ったとしたら、皆さんはどう受け止めるでしょうか。

「なるほど」と思いながら、心のどこかで「ほんとかな?」と疑う。話している内容は同じなのに、人が変わると、あるいは肩書き、権威が外れると、とたんに人間は疑り深くなるものです。

これは論理的な思考ができていない、または鈍っている証拠です。ポイントは、「誰が言ったか」よりも「何を言ったか」なのです。

ノーベル賞を受賞した田中さんはまさに象徴的な存在でしょう。

一塊のサラリーマン研究者の発表であっても、それが素晴らしい研究成果、論文であればちゃんと評価される。これは賞を与えたノーベル財団がいかに素晴らしい調査力を持った団体かを照明したケースだと思います。

ただ、まったく人を見なくていいわけではありません。

肩書きや権威は排除して考えるべきですが、その人の背後関係を要約しておいたほうが、発言に対してより客観的、論理的に向き合えます。

特に、会社などの組織では、背後関係を常に意識しておいたほうがいいでしょう。

好きな人のことは良くいい、嫌いな人のことは悪く言う。こうした傾向は誰にでもあてはまりますが、会社組織ではさらに派閥やグループといった要素も加わってきます。

ある人の話を信じていたら、同じ派閥の人のことは良くいい、対抗派閥の人のことは悪く言っていただけと、あとになって気付くかもしれません。

事前に、その人がどの派閥に属しており、どんな立場にあり、対抗する派閥はどこかという背後関係をつかんでおけば、「この話は信用できる」、「この話は鵜呑みにしないほうがいいな」と、見当をつけられます。

これも、人の話を要約するときの重要なテクニックだと思います。

会社組織に限らず、学者の世界でも、または政治の世界、その他いろんなところで、このテクニックは応用できます。

本を読んだとき、著者が所属しているグループはどこで、他にはどんな人がいるのかをつかんだり、あるいは、その人の経歴からどの程度現場の情報やナマの情報が得られる立場なのかなどを知れば、主張がどちらかに傾いていないか、あるいはその主張にどのくらいの裏付けがあるかが読み解けるようになるはずです。

8 利害がからむキーパーソンを図式化してみよう

社内の人間関係をつかんでおかないと、偏った意見だけを聞かされかねないと前節で書きました。

これは大きな組織になるほど重要で、「入社したころからのライバル関係」、「大学時代からの親友」、「大学の先輩後輩」、「出身県が同じ」などの大ざっぱな関係をつかんでおかないと、ちょっとした発言から居心地の悪い思いをしないとも限りません。

関係をつかむ手っ取り早い方法は、図に描いてみることです。

AとBはこういう関係、BはCとこういう関係と図式化すれば、社内の人間関係がパッとつかめるはずです。

ただ「同じ大学出身」といっても、在学中から仲が良かったとは限らないし、ひょっとしたらまったくの水と油というケースもあります。「出身県が同じ」でも、対抗意識の強い地区同士かもしれません。

図式化したら、具体的な関係がわかるところは、書き込んでおきます。

あまり神経質になる必要はありませんが、同僚や先輩にちょっと聞いたりして、オリジナルの社内人間関係図を作ってみてください。これも一つの要約です。

図の中で、キーパーソンを明確にできれば、さらに精度の高い要約情報になります。

チェックしたいのは、

社内に強い影響力のある人、部内で強い影響力のある人。

そして、上司や同僚など、自分と直接の利害関係がある人。

さらにいえば、今は直接の利害関係はないけれど、組織の上層部からのウケがよく、将来は大きな影響力を持ちそうな人も、キーパーソンとしてチェックする。

ここまでの要素を書き込んだ人間関係図があれば、話す、聞くときの要約情報としての利用価値は大きいでしょう。

最初は少しわずらわしく感じるかもしれませんが、作成しておいて得はしても、損することはないはずです。

会社組織に限定して説明してきましたが、背後関係を大ざっぱにつかんだほうがいいのは、どんな組織、グループでも同じだと思います。

共通の趣味を持つ仲間の集まりでも、リーダー的な人、周りの影響を受けやすい人、どうもしっくりいかない二人など、いくらでも要約できるでしょう。

親戚関係にも同じことがいえ、これは会社組織とは違った意味での複雑さがあるかもしれませんが、こういう把握をするだけで余計なもめごとが少なくなるものなのです。

このように背後関係を要約情報として持てれば、その組織の中で良好な人間関係を築くための、かなり有効な手がかりにもなります。

9 メール・コミュニケーションで欠かせない「共感意識」

ビジネスでもプライベートでも、電子メールが日常的に使われるようになって、コミュニケーションのあり方が変わったと言われます。

たしかに、相手を電話口まで呼び出して伝えるほどでない連絡事項をメールですませたり、時間や距離を気にせず、相手に伝えておくべきことをメールで告げておいたり、意思疎通は目的や相手との関係性を配慮しながら、よりきめ細かくできるようになったようにも思えます。

思い起こしてみると、電子メールがこんなに普及するちょっと前までは、今の若い人は手紙を書かなくなったと、ずいぶん言われたものです。

しかし、便箋には書かないけれども、インターネットを通じた手紙（メール）は、若者には欠かせないコミュニケーション手段になっています。

ある意味では、若者たちは、ふたたび「手紙」を書くようになったのです。

便箋にしろ、メールソフトを使うにしろ、文面を書く作業は、頭の中にある思いの整理、つまり要約力につながるような気もします。

しかし、第2章でケータイメールの弊害について触れたように、文章とも言えないような感覚的な文言を連ねるだけのメールは、要約頭脳に悪影響を及ぼしかねません。

では、会社でデスクのパソコンに向かって、ビジネス文書を書く場合などはどうでしょう？

私も、出版社の編集者や仕事関係者と四六時中メールのやり取りをしますが、電話だとややもするとだらだらと続きそうな内容が、メールではコンパクトに、ときには箇条書きにするなどして、簡潔にまとめられています。

メールならではの〝要約文体〟とでもいうべき表現が、そこにあります。

ただし、一方で気になることがないではありません。

簡潔にまとめようとするあまり、「冷たい文面」になってしまうのです。

先日はメール、ありがとうございました。
以下の点、確認したく存じます。
1）原稿の締め切りは6月10日
2）本のタイトルは先日お話したとおり
3）書店への配本日は現在検討中

これはあくまで私の創作文面ですが、ニュアンスをおわかりいただけると思います。

コンパクトにまとめるのは、まことにけっこうなのですが、便箋で手書きの文字で書くときは、あまりこんな書き方はしませんね。いったい何が違うのでしょう？

一言で言うと、相手への「共感意識」です。

「慮《おもんぱか》り」と言ってもいいかもしれません。人間というのは、言葉を口から発した時点で、その言葉が相手にどんな思いを与えているか、それを忖度しながら言葉を接《つ》いでいきます。それが本来のコミュニケーションです。

ところが、電子メールの文体になると、なぜか、相手の気持ちや感情への配慮がどこかに消えて、一方的に、自分の伝達事項だけを整理して伝えるという習慣がはびこっているのです。

私は、決してマナーのなさを嘆いているわけではありません。

対人関係の中で要約情報を得るためには、相手への共感意識が欠かせないことを強調したいのです。

自分がこんな表現で書けば、相手はどう感じるか、その配慮が行き届いた文面であれば、相手から返ってくる情報の中身もよりていねいなものになる。今度はこちらへの配慮が相手から返ってくる。

この共感意識を基盤にしたコミュニケーションが、貴重な情報の交換につながったり、相手の人物像を的確につかむ結果にもなるのです。そのとき得た情報や、相手の人物像は、あなたにとって、より強化された要約情報になるのです。

第7章

要約頭脳を鍛えるための九つの思考習慣

1 「ひらめき幻想」に頼る思考習慣を捨てよう

日常的なビジネス場面や対人関係の中で、要約力をどう発揮するか――その基本原則を述べた第3章から始まって、第4章、第5章、第6章と、具体的なノウハウと考え方について述べてきました。

最後の第7章では、そのような要約力をビジネスの基礎体力として養っていくために、日頃からどのような思考習慣や生活習慣を持てばいいのか、いわば「要約頭脳」「要約体質」のつくり方について、あらためて整理してみましょう。

認知心理学では、人間の思考とは「知識を用いて推論を行なうこと」とされています。この「推論」という言葉は、第3章で述べた要約力の思考・行動サイクル「分析↓仮説↓検証↓修正」の「仮説」に置き換えることができます。日常的な感覚としては、「推論を行う」を「アイデアを考える」という言葉に置き換えてもいいでしょう。

つまり、推論であれ仮説であれ、あるいはアイデアであっても、あくまで知識が土台にあるということです。そんなことは誰もがわかっている、と思われがちなのですが、じつは日ごろの思考習慣を振り返ってみると、そうでもないのです。

たとえば、アイデアに煮詰まったとき「どうもいいアイデアがひらめかない」などといいませんか？　アイデアとは、あるとき突然、天から降ってくるようなものの言い方です。私に言わせると、これは「ひらめき幻想」とでも言うべき思考習慣です。

アイデアとはひらめくもの、パッと出てくるのも運なら、湧いてこないのもこれまた運だと、いわば他力本願的なアイデアへの渇望が「ひらめき幻想」です。

しかし、アイデアは決して誰かの力によって、ストンと頭の中に入ってくるわけではありません。あなた自身の頭脳活動の結果、生み出されるものなのです。

推論しかりです。仮説を立てるのも、またしかりです。アイデアにしても、推論、仮説にしても、日ごろから蓄積された知識があってこその話です。

一つのテーマが設定されれば、頭の中であれこれ連想ゲームがは始まる。その思考活動の中で、「過去の要約情報」をしまいこんでいた記憶中枢のフタがポンと開くこともあるのです。その要約情報こそが、推論や仮説を立てるときの土台になったり、補強素材になったりするのです。

あなたは、ノーベル賞学者の多くの研究は「ひらめき」によって発見に至ったと思うでしょうか？　たしかに、そういうケースも稀にあるかもしれませんが、多くの場合は知識を用いて推論し、失敗を繰り返しながら何度もチャレンジした結果なのです。決して諦めなかったからこそ、歴史に残る発見に至ったのだと私は思います。

とにかく、まず知識に貪欲になる思考習慣を身に付けることです。知らないことがあれば、知らないままですませない。もう少し平たく言えば、人前でも知ったかぶりをしない、ということです。恥をかいてでも得た知識というのは、記憶中枢に刻まれる。そして自分なりに考える。それが、自分なりの要約情報に生まれ変わるのです。

2 記憶のメカニズムをきちんと押さえておこう

第一段階のストックとしての要約情報にしても、第二段階のフローとしての要約情報にしても、大脳生理学的に見れば、記憶中枢に蓄えられるものです。再三言ってきた要約カプセルの引き出しというのは、とりもなおさず、この記憶中枢に収納された引き出しのことです。

そこで、引き出しから、いつでも要約情報の記憶を取り出せるようにするには、どうしたらいいか、やや専門的な立場からお話ししておきましょう。

認知心理学では、記憶のプロセスを次の三段階に分けて考えます。すなわち、

①脳に入力する「記銘」
②入力したものを貯蔵する「保持」
③そして出力する「想起」

ビジネス書や雑誌、新聞、インターネットなど、さまざまなメディアから情報収集しているつもりなのに、仕事に活かせないという人は、この記憶のプロセスのどこかに問題があるのかもしれません。

つまり、「なかなか頭に入らない」なら記銘、「すぐ忘れてしまう」なら保持、「のどまで出かかっているのに」というなら想起。いずれかが、ウイークポイントになっているというわけです。ならば、その弱点を矯正すれば、記憶を向上させられるはずです。

まずここでは、第一関門となる記銘について解説しましょう。

記銘には、二つの要素が深く関わっていると認知心理学では考えられています。その一つが「理解」することです。

理解できるものは覚えやすいし、理解できないものは覚えにくい。当然のことですが、この原則を忘れて、触れる情報をすべて記憶しようと思っても、それではうまくいきません。理解してから要約し、引き出しにしまうのが大原則なのです。

新聞や雑誌を読んでも、漫然と目を通しているだけでは、うまくインプットできないはずです。キーワード、わからない言葉などがあったら、用語辞典で調べるか、誰かに聞くなどしてなるべく理解する。これを習慣づけるだけで、情報を「記銘」する力は向上していくはずです。

もう一つのポイントは「注意」することです。

学生時代を振り返ると、「好きな科目や興味のある科目の成績は良かった」という人は多いと思います。おもしろくて興味があると注意が向き、情報が頭に入りやすくなるのです。ビジネスパーソンでも、興味のある分野の情報はさほど苦にならず頭に入るでしょう。問題は、そうではないときです。

環境問題について勉強しろと言われても、興味がなければなかなか頭に入りません。そんなときは、できるだけ興味がわくように工夫する必要があります。

たとえば、自動車好きなら、環境問題と自動車の関係について書かれた本からはじめてみる。対象に注意が向けば、情報を要約しやすくなります。

このように、銘記のメカニズムをまずきちんと理解しておけば、その後の保持や想起にも好影響が出てきます。保持や想起については、次の節で詳しく解説しましょう。

記憶の3段階と「記銘」

第１段階

脳に入力する

「記銘」

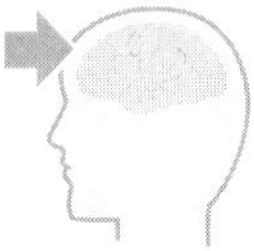

第２段階

入力したものを
貯蔵する

「保持」

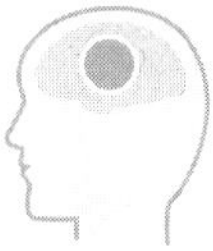

第３段階

出力する

「想起」

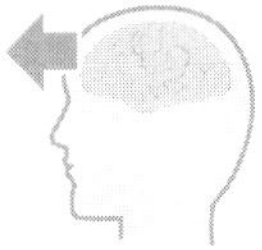

「記銘」に深く関わる２つの要素

①理解（わからない言葉はすぐ調べる）

情報 → 理解 → 要約 → 「記銘」能力の向上

②注意（関心を向ける工夫をする）

情報 → 注意 → 要約 → 「記銘」能力の向上

3 アウトプット・トレーニングを忘れない

では、記憶メカニズムの、貯蔵段階の「保持」、出力段階の「想起」については、どうすればいいのか？

皆さんの中には、「受験生の頃は記憶力がよかったのに」と思っている人が少なくないでしょう。でも、その当時どれだけ努力したかまでは、なかなか振り返らないようです。覚えたことを忘れないために、教科書や参考書を読み返したり、単語帳を常に持ち歩いたり、記憶を定着させるためにそれなりの努力をしたはずです。

今はどうでしょう。本や雑誌を読んで、「これはおもしろい」と思っても、ほとんどの場合は読みっぱなしではないでしょうか。

記憶を保持する最善の方法は、やはりなんといっても「復習」です。復習することで記憶は定着し、忘れにくくなります。本や雑誌に覚えたいところがあったら、付箋をつける、またはメモを書き込むなどして後で読み返せば、「保持」の効果は間違いなく上がるはずです。

情報がいったん脳に刻み込まれ、定着したとしても、必要に応じて「想起」、つまり出力されなければ意味がありません。パソコンで文章を書くことに慣れると、ペンで字を書こうとしても、簡単な漢字がどうしても出てこないときがあります。その漢字は読めるし、見れば「あ、これこれ」となる場合がほとんどなので、記憶はされているのです。なのに、出てこない。こんなケースに限らず、さまざまな「出力トラブル」はあなたも経験しているはずです。

出力をスムーズにするための思考習慣として挙げたいのは、「アウトプット・トレーニング」です。受験生の頃、必死に取り組んだ過去問。あれはインプットした情報を、志望校の傾向に沿った形でアウトプットするためのトレーニングだったのです。なにか新しい分野の情報をインプットしたら、人に説明するためにはどう言えば、どう書けばいいのか、そのようなアウトプットのトレーニングを日ごろから試してみてください。

ビジネスの現場と受験を同列に考えることはできませんが、記憶に限ってみると、基本原則は同じだと思います。記銘（入力）・保持（貯蔵）・想起（出力）と、脳の記憶システムをフル稼働させた者が、勝ち組となれるのです。

知識を情報の要約カプセルとして引き出しに入れ、大切に保管し、必要なときに、必要な要約情報を取り出す。ビジネス力を高めるには、要約のもととなる記憶が大切なのです。

4 伸ばすのも「要約」。複眼的思考・発想を心がけよう

本書の冒頭に「手短にまとめることが要約」、と定義しています。もちろんこれが基本です。しかし、ときには情報に付加価値を加え内容を膨らませる、つまり伸ばすことも要約において必要な作業となるときがあります。

これは、要約力の強化にもなる思考習慣として、常に複眼的な思考・発想が欠かせないからです。単眼的、硬直化したものの考え方は、要約力の強化には決してプラスにはなりません。

第3章でも述べたように、固定観念といったスキーマに影響されると、要約情報は歪んだものになってしまいます。複眼的な発想をすれば新たな情報が入り、要約情報も少しずつ形が変わる。この際に、情報がより付加価値を伴って伸びる可能性だってあるわけです。この柔軟なとらえ方ができなければ、ビジネスシーンでも問題解決の判断を誤ってしまうことになります。

一度脳に記憶を刻み込んだとしても、新たな情報の付加があれば、それをふまえたバージョン2を上書きすればいいのです。

不況で売上げが減少している二つのスーパーマーケットの場合で考えてみましょう。

A店の店長は打開策として、「やはり価格競争力がものをいう。セール品を多く並べたらどうか」と、一つの推論（仮説）を立てたとします。対して、B店の店長は「チラシにクーポンをつけたらどうか」、「値段は少し高くても、無添加の有機野菜を増やしたらどうか」、「商品のディスプレイを替えたらどうか」と、複数の推論を立てたとします。

A店の店長は、唯一の推論がはずれたら、次善の策がありません。一方、B店の店長は、一つの対策だけで効果が薄ければ、二の手、三の手が打てる。複数の選択肢があることの強みです。

一方の考え方があれば、他方の考え方もある。一つの手があれば、必ず次の手もある。そんな複眼思考、重層的な発想こそが、要約情報の構築にも欠かせないのです。要約とは点と点を結び、明確な形をもった面を作る作業でもあります。その点と点を結ぶ作業は、頭脳活動でいえば連想や想起になり、関連付けということにもなるのです。

この関連づけらた新たな要約情報はオリジナルより豊富な情報量となっているでしょう。

こうした伸ばす要約のできる複眼的発想ができたとき、あなたは要約の達人としての一歩をまた踏み出すことになります。

5 共感意識は、要約に欠かせない「もう一つの視点」をつくる

4章で、メールのやり取りでは「共感意識」が大切であると述べましたが、「共感」は心理学の分野でも非常に重視されるテーマとなっています。アメリカで最も人気のある精神分析の学派である自己心理学、そしてEQ（Emotional Intelligence＝感情的知能）理論などでも重視されている概念の一つです。

共感意識は、相手との円滑な人間関係を築くうえで欠かせない心の持ちよう、と言えますが、似ている言葉に「同情」という感情があります。

ただし、同情と共感は明らかに違うものです。同情は、相手が苦しんだり悲しんでいる状況で、相手に一方的に抱く感情です。それに対して、共感はもう少し広い意味を持ちます。相手が悲しいときに自分も悲しいと思う。これは、同情とも共感とも言えますが、相手の喜びを自分の喜びとする。これは共感であり、同情とは言えません。つまり、相手と自分で、心の持ちようを共有するのが共感です。

感情を同じくする場合もあるでしょう。ものの見方・考え方を同じくする場合もある。また、目的や夢を共有する場合にも共感意識が芽生えるはずです。

相手とこのような共感意識を持つことによって、円滑なコミュニケーション、信頼感、ゆるぎない人間関係が築かれていくのです。

要約情報の構築という観点から見ると、共感はもう一つ重要な意味があります。それは、情報のとらえ方に新たな視点を与えてくれるという点です。相手の立場に立つことによって、それまでは気付かなかった、もう一つの考え方が見えてくるというわけです。

共感は精神分析の定義上、相手の立場に立って相手の心を想像することです。これも一つの思考習慣です。その思考習慣によって、推論の幅も広がり、仮説のバリエーションも増える。結果、要約力の強化にも寄与するという好循環をもたらすのです。

ただ、現実生活では、常に相手の立場に立つというのは、なかなかできることではありません。相性のよくない相手というのも、いるものです。そんなときは、一種の心理探索ゲームをしてみるのも、一つの方法です。

たとえば、口うるさく、人のアラばかり探すようなタイプの上司がいたとします。彼は、社内では煙たがられている。普通なら、そういうタイプとはあまり関わりたくないものですが、一度じっくり観察し、心理状態を探ってみてはどうでしょうか。

単身赴任をしていて、奥さんは大学受験の子どもにかかりきりで、電話の一本もない。飲みに行こうにも、不況のあおりを受けて昇給はないし、ボーナスも年々減っていく。家では独り寂しくコンビニの弁当を食べ、会社では部下から煙たがられ、上層部からの評価も低い……。

たとえばこんなふうに背景情報を要約し、職場で部下に冷たくあたっているときの、心の世界を想像してみるのです。

自分が偉そうにできる材料を見つけてうれしいのかもしれない。若い人に軽くアドバイスするつもりが、日ごろのうっぷん晴らしで、つい口うるさくなってしまう……。

こんなふうに想像すると、「口うるさくて嫌味な人」というこれまでの人物像とは違った上司の姿が見えてくるはずです。不思議なことに、上司との距離が近付いたような気持ちにもなる。何食わぬ顔をして、自然に接していると、ある日、向こうも心を開き、いろいろと話してくれるかもしれません。

自分の立場や主観だけで考えるのではなく、相手の立場になって考えたり、感情を想像したりする。こういうちょっとした思考習慣を持つだけで、人の気持ちが少しずつわかるようになり、共感能力も自然に身に付いてくるというわけです。

6　相手の心理的なニーズを見極めるための三つのヒント

最新の精神分析理論では、「成熟した依存関係」を築くことが人間関係の理想とされています。これは自己心理学の祖といわれる精神分析学者、ハインツ・コフートが提唱した考えで、一方的な依存ではなく、「お互いに相手の心理的ニーズを満たすような依存関係」を意味します。

一方的な依存関係は決して長続きしません。それよりも、「心理的ギブ・アンド・テイク」の関係が大切というわけです。ポイントは、「相手がなにを求めているのか」「相手の心理的なニーズはなにか」と常に考える思考習慣を持つことです。

では、相手の心理的ニーズをつかむには、日ごろからどのような思考習慣を持っていたらいいのでしょう？

コフートは、ここでもヒントを与えてくれています。彼は自らの臨床経験を通して、人間には人に求める三つの基本的ニーズがあると考えました。その三つのニーズが満たされないと、不愉快になり、攻撃的にもなる。逆に、満たしてくれる人のことは好きになり、手放したくない気持ちが強くなるといいます。

少々むずかしい用語が出てきますが、その三つのニーズについて説明しましょう。

一つめのニーズに相応するのは「鏡自己対象機能」です。

程度の差はありますが、人間にはホメられたい、注目されたいという気持ちがあります。このニーズを満たすときは、「ホメ上手」に徹したほうがいいでしょう。相手が自信を持っているとき、建設的な提案をしたときは、素直に感心し、一緒に喜ぶことで好感が得られます。

二つめのニーズに相応するのは「理想化自己対象機能」。

思うような成果が上がらず、不安になり、落ち込んでいるときは、ワラにでもすがりたくなるものです。こんなときは、「大丈夫だよ」と声をかけ、安心感を与えるようにすればいい。頼りがいのある強い人間としての役目を引き受けることによって、信頼関係が築かれ、ときには相手から尊敬の念さえ持たれるようになります。

三つめのニーズに対応するのは、「双子自己対象機能」です。

ホメてやろうとしても、安心感を与えようとしても、相手がかたくなになって、ときには卑屈になってしまうケースもあります。「どうせお世辞で言ってるだけなんだろう」と、ひがみっぽくなるのは、「他人にこの辛さがわかるはずがない」と思い込んでしまっているからです。こんなときには、「僕にも似た経験があるよ」と、同じ目線で語りかけ、相

「成熟した依存関係」のために役立つニーズと要約

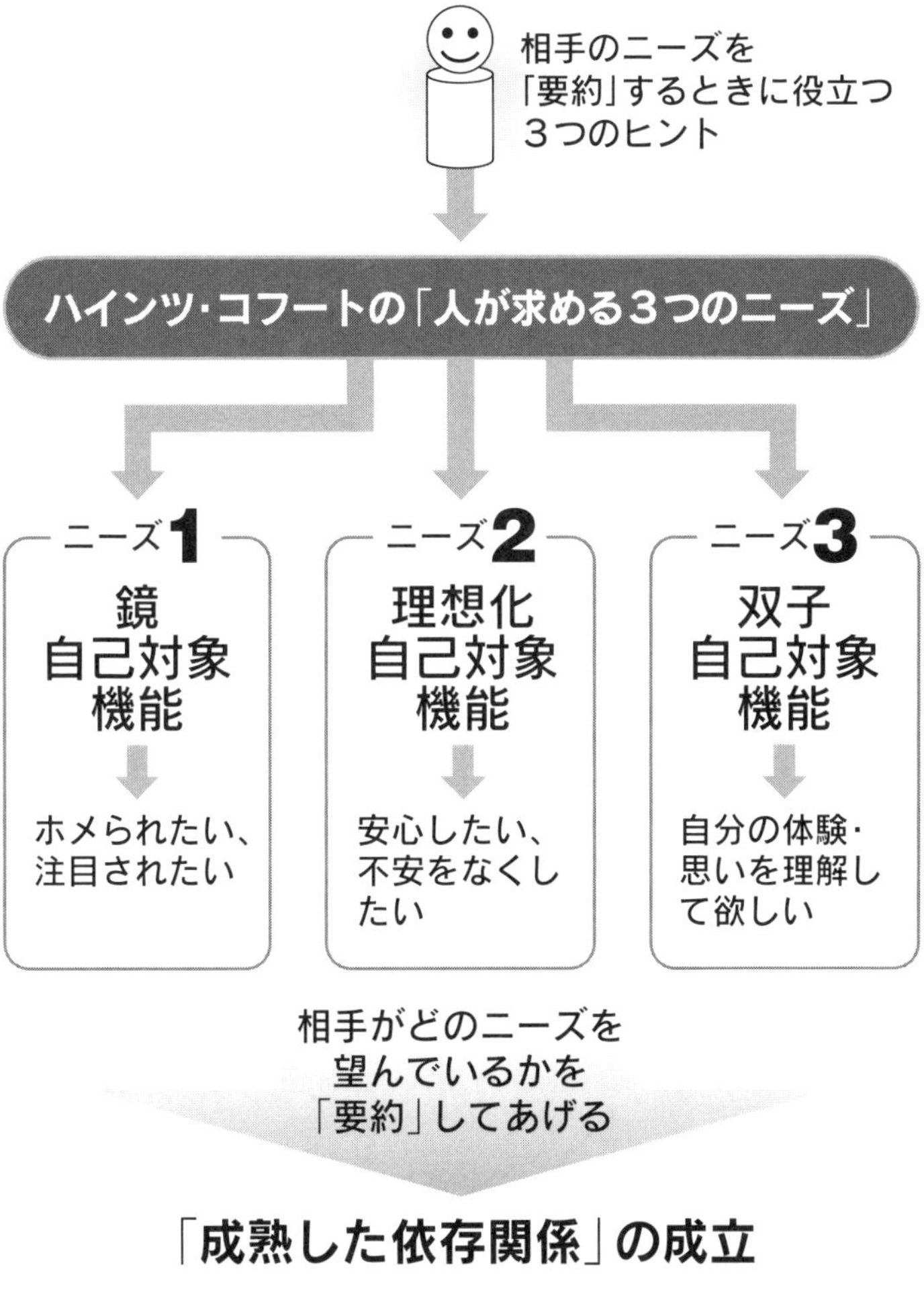

手を受け入れることが大切になります。

この三つのニーズ、誰もが持っているものですが、均等に持っているわけではありません。人によって「ホメられたい」というニーズが高い人がいれば、「頼りたい」というニーズが高い人もいる。また、同じ人でも置かれた状況によって、それぞれのニーズの大きさは変わってくるものです。

相手はどのニーズが大きいタイプなのか。いまの状況ではどれが大きくなっているかを、相手の立場になって要約し、ニーズを的確に満たすような対応が必要になります。

7 自分自身の感情にネーミングしてみる

要約情報をインプットする際は、ソースとなる情報を掲載するメディアが紙媒体でも電子媒体でも、あるいは人間関係の中で得られる情報であったとしても、基本となるのは言語情報です。

要約とは、まさに言語による情報の要約、というのが基本なのですが、対象が必ずしも言語による表現ばかりとは限りません。

たとえば、その場の空気やムード、あるいは感情などが、要約の対象となる場合もないわけではありません。

感情がすでに言語によって表現されている場合もあるでしょうが、対人場面では前述の心理的ニーズのように、まさに肌で感じている相手の心理・感情を、要約情報としてインプットしておかなければならないケースもあります。

心理や感情を要約情報として記憶中枢にとどめる際には、やはり言語表現として残さなければならないのです。なんとなく嫌な感じ。なんとなく不快な感じ。そんなあいまいな表現であっても、それそのものは間違いなく言語表現です。

つまり、私たちは五感で感じる音声や空気、味覚や感触なども、要約情報としてストックするときは、言語に変換する必要があるのです。少なくとも、その要約情報を誰かに伝えるときは、言語表現しなければ、相手には伝わりません。

なぜ、こんなことをあえて言うのかといえば、人物像や相手の感情・精神状態などを、日ごろのビジネスシーンでも要約情報としてストックしたり、誰かに伝えなければならないケースがあるからです。

たとえば、取引先がクレームをつけてきて、相手は感情的にもなっている。それを上司にどう報告するか？

そんなとき、取引先担当者の人物像や心理状態を、あなたがどう要約するかで、上司の指示や対応も違ってくることもあるはずです。

一言で言い表す的確な表現がすぐ見つかればいいのですが、感情や性格などは、いわく言いがたい微妙なニュアンスというものがあります。小説家ではないのですから、微妙なニュアンスをうまく表現するのはなかなかむずかしい話です。ただし、思考習慣としてトレーニングを積めないこともないのです。

その方法としてすすめたいのが、自分の感情へのネーミングです。

本来は、自分の感情をネーミングを通して的確に把握することで、感情のコントロールに役立てようという精神療法的な手法ですが、ここでは、一種の要約トレーニングと考えてやってみましょう。

あいまいなものを、どう要約して表現するか？

これも、人間関係で成り立つビジネスでは、重要な要約トレーニングの一つです。

ネーミングは必ずしも、客観的に言いあてている表現でなくてもかまいません。

「人前では怒ってないと言いながら、心にうっぷんが溜まっている状態」

「素直には喜べないが、なんとなく心が軽い状態」

などなど、できるだけ正直に表現してみることです。

そんな自分の感情のネーミングをしてみることで、やがて、相手の微妙な心の内を言いあてる表現力も少しずつ磨かれてくるはずです。その磨かれた表現は、あなた自身の要約表現であり、第三者に伝えるときにも、的確な表現として相手は理解するようになるはずです。

要約は、言語のみならず、です。

8　集団心理の落とし穴「リスキーシフト」に気を付けよう

人間心理・意識の的確な要約は、そう一朝一夕《いっちょういっせき》にできるものではありません。常に相手の立場に立って考えるといった思考習慣を積み重ねることによって、少しずつ身に付いていくものです。

相手が一人のときでさえ、心理や意識の要約はなかなかむずかしいところがあるのですが、これが集団の心理・意識となると、要約も至難の技になります。生活意識調査や消費者意識に関する調査などがよく行われていますが、要約情報としては一つの参考データにはなります。

ただし、あなたが、ある集団の中にいたとき、その場の雰囲気、全体としての意識を集約しようと思ったら、これはけっこう骨の折れる仕事になります。そこにいる偉い人の意見に沿って、その場のムードが流れたり、意識が集約されたりする。あなた自身もついその流れに身を任せてしまうことも往々にしてあるはずです。

第3章でも述べたように、属人的な要約情報は、必ずしも正確な要約情報にはなりません。それは、もって肝に銘ずるべき注意点なのですが、ここでは、もう一つ、集団であるがゆえに陥りやすい〝落とし穴〟について触れておきましょう。

集団心理の一つに「リスキーシフト」と呼ばれるものがあります。多くの人間が参加して会議を行うと、「みんなで考えて合意したんだから、間違いないだろう」と思うことはありませんか？　心理学からみると、こうした考えは的外れで、実際には「集団で決定したほうが、個人で決定したときより危険な判断をしやすい」ということが、心理学の研究で指摘されているのです。これがリスキーシフトと呼ばれるものです。

リスキーシフトは、たとえば、こんな実験でもはっきり表れます。

参加者はヘッドハンティングをされたと仮定します。しかしながら、ヘッドハンティングされていく会社には、倒産する可能性もないではない。そこで、来年つぶれる可能性を一割、二割、三割と段階的に設定して、どの段階でその会社への転職をやめる人が現われ

集団心理の「要約」と「リスキーシフト」

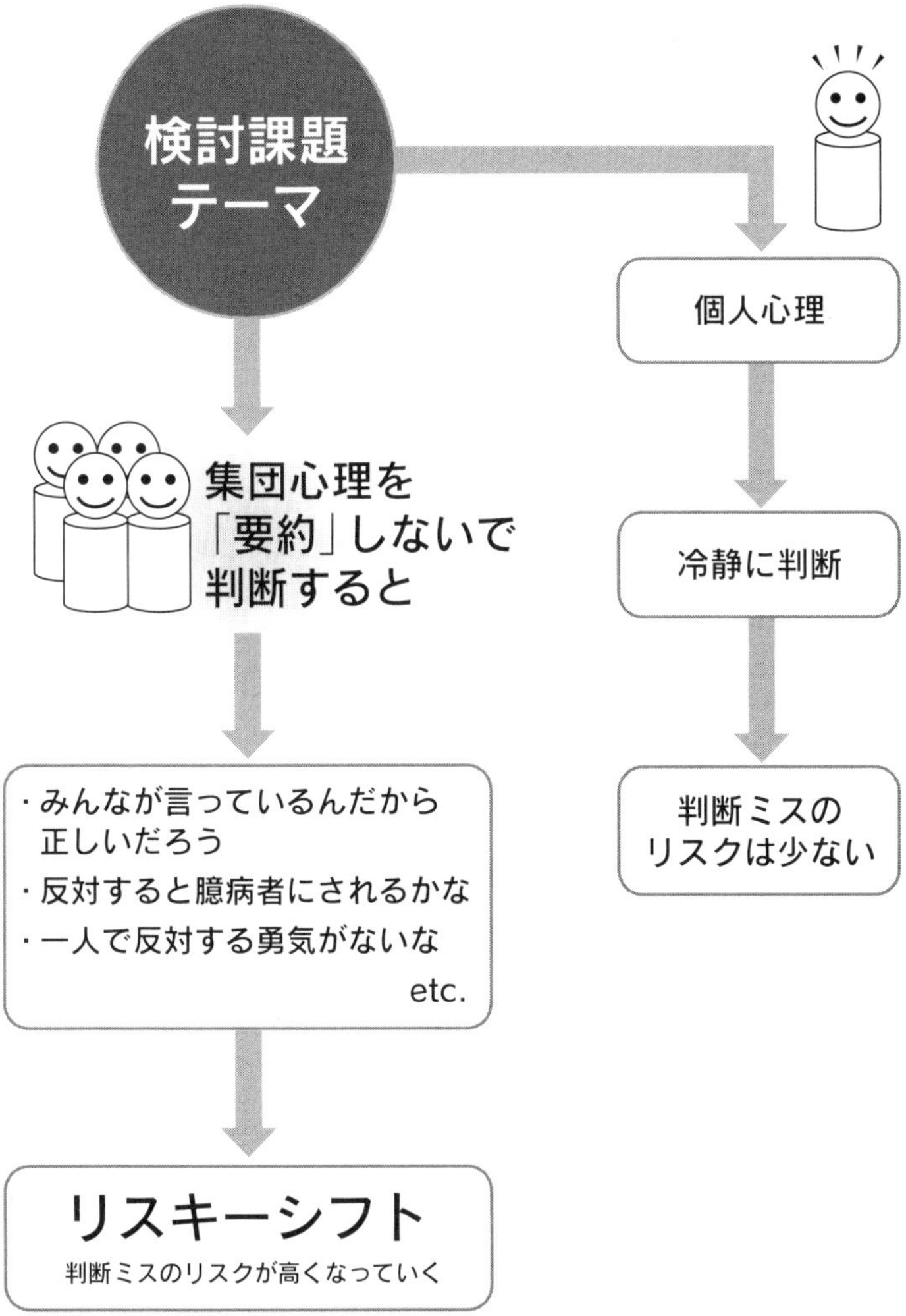

るかを調査するのです。

最初に、一人ひとりに個別に聞いてみると、倒産の確率が二割に達すると、ほとんど人が「行かない」という結果になりました。ところが、集団で相談させたあとで聞いてみると、倒産の確率が四割までなら「行く」という答えが多くなったのです。

ついでに言うと、当団での相談の時の結論も四割までなら行こうということになっていたのです。

つまり、個人の判断より、集団の判断のほうが、リスクに対しての認識は甘くなるというわけです。

なぜこうなるのでしょう。これは私の想像ですが、集団で話していると、「自分の能力を買ってくれる職場で働くべきだ」「自分が入ってその会社を再生する」など、理想論的な発言をする人が必ずいるはずです。すると、周りの人も「臆病者」「弱気なヤツ」と思われたくないため、「そうだそうだ」と流されてしまうのです。

集団で考えたから正しいと考えるのは、危険のはらむ集団心理の要約なのです。

「赤信号、みんなで渡れば怖くない」と一緒で、集団になると特別な心理が働いて、かえってリスキーな結論を出してしまうことも多いのです。

集団で何かを考えるときは、心理状態を十分に要約する必要があります。「ここにいる人たちは集団心理に流されていないか」、自分に対しても「雰囲気にのまれて客観的に考えられなくなっていないか」と、問い掛けてください。

集団心理については研究事例も豊富で、そこには組織論やマーケティングのヒントが隠されています。興味がある人は、社会心理学の専門的な本（もちろん入門書で十分です）を読んでみてもいいでしょう。ビジネスで使える事例が見つかるかもしれません。

9　スランプのときは「守り」の仕事を

最後に、スランプに陥ったときの思考習慣と行動習慣について触れておきましょう。

提案した企画がさっぱり通らない、ミスが続いて、上司からもこっぴどく叱られる、あるいは取引先からのクレームが重なる。そんなときは、自分が情けない人間のようにも思えてしまいます。精神的なスランプです。

スランプというのは一種のうつ状態です。こんなときは、注意力が低下しているので、新しい情報をインプットしてもうまくいきません。つまり吸収する要約情報も歪んだものになりがちだということです。

では、心機一転、「落ち込んでいてもはじまらない」と新たな課題に取り組んでみてはどうか？

しかしこれも、じつは能率はあまり上がりません。負の心理が尾を引いて、手をつけているようでいて、手のつかない状態になってしまうからです。その結果、「やっぱりだめだ」となって、悪循環にはまってしまうのです。

こんなときの思考習慣、行動習慣としては、認知行動療法による処方が参考になります。たとえば、腰痛をかかえるうつ病患者が、「もう一歩も歩けない」と言い張った場合、手を取ってまず一緒に歩いてみる。こうして、自分の悲観的認知が間違っていたと体験させるわけです。

この手法は、ビジネスなどでスランプに陥ったときにも応用できます。

つまり、スランプのときは、新たな課題に取り組むのではなく、復習的な作業を行うのです。

ある程度進行している仕事の確認や、事務的な作業でもいい。理解できて、わからないところが少ない仕事に手をつけ、「できる」という感覚を取り戻すわけです。

「できる」を積み重ねていけば、抑うつ状態が改善され、スランプから脱出しやすくなるはずです。

一度悲観的認知をすると、どんどん悪い方向へ考えてしまうものです。

たとえ一回失敗しても、それですべてが終わるわけではありません。「守り」の仕事で「できる」という感覚をつかみ、そのあとで新たな課題に取り組んだほうが、立ち直りはずっと早いはずです。

また、スランプの時期は自分の欠点だけが目に付くので、その視点を逆に利用することも考えられます。

欠点が目に付くということは、普段は見えない自分の欠点がよく見え、理解できていない自分を発見することにもつながるものです。その欠点を要約しておけば、ウイークポイントの補強ができます。

これも、あなた自身の心理を要約するときの強化法になるのです。

※

私たちの身の周りにあるさまざまな情報、人間関係、そして心理状態。

要約の対象となるものは多岐にわたりますが、それらを的確につかみ、自らの表現による「強化された要約情報」を持つことによって、一見、複雑で困難に見える問題も、思いのほか簡単に突破口が開けてくるのです。

あとがき

本書を読まれてどう思われたでしょうか?

マスメディアの情報から、日々のコミュニケーション、人間関係、そして心理にいたるまで、要約力はあらゆる場面で必要になってくる。それほど、要約力とは日々の仕事力や生活力にも関わってくるものなのだとわかっていただけたら、著者として幸甚この上ありません。

私としては、多少牽強付会に見えても、要約力というのをいろいろなシチュエーションで使ってほしいと思ったので、要約力という観点から私の能力開発テクニックをどう見るかも含めて、いろいろな分野に要約力の考え方を応用、援用してみたつもりです。

そして、冒頭でも述べたように要約力というのは、使ってみてはじめて身につくものなのです。もしあなたが、これは自分には無理だと思われたものについては、あえて使っていただかなくてもけっこうだと思います。これは自分の生活や仕事に応用できそうだ、試してみたいと思ったものから順番に使ってもらえれば、私としてはとても嬉しいことです。

いずれにせよ、要約力の考え方は想像以上にいろいろな場面で使えるはずのものです。

本当はメモをとる習慣そのもの、日記をつける習慣そのものが要約と言えることです。しかし、それが要約なのだという意識があるのとないのとでは大きな違いです。要約だと思えば、主語であるとか、なにが起こったであるとか、具体的な内容が盛り込まれ、あとからはるかに読み返しやすいものになると同時に記憶の足しにもなるのです。

私がいちばん恐れるのは、本書を読んで要約がかえってむずかしいもの、頭のいい人にしかできないものと思われてしまうことです。そうではなしに、いろいろなシチュエーションで話の流れをより具体的なものにしようと思うだけでいいのです。そういう意味でまず始めてもらい、場慣れをしてほしいのです。それが確実にあなたの生き方や頭の中を変えるものと信じています。

末筆になりますが、本書のような、風変わりな著者の仮説を著書にするための編集の労をとってくださったエディ・ワンの町田光氏にこの場を借りて深謝いたします。

和田秀樹

【著者紹介】
和田 秀樹（わだ・ひでき）
◎——精神科医。1960年大阪市生まれ。東京大学医学部付属病院精神神経科助手を経て、1991～94年米国カールメニ ンガー精神医学校に留学。老年精神医学、精神分析学（特に自己心理学）、集団精神療法学を専門とする。現在、川崎幸病院精神科医コンサルタント、一橋大学経済学部(医療経済学)非常勤講師、心理学をビジネスに応用するシンクタンク「ヒデキ・ワダ・インスティテュート」代表なども務める。
◎——主著に『痛快！心理学』『女性が元気になる心理学』『〈自己愛〉と〈依存〉の精神分析』『壊れた心をどう治すか』『多重人格』など。

要約力《ようやくりょく》　〈検印廃止〉

2003年7月22日　第1刷発行

著　者——和田　秀樹©
発行者——境　健一郎
発行所——株式会社　かんき出版
東京都千代田区麹町4-1-4西脇ビル　〒102-0083
電話　営業部：03(3262)8011(代)　総務部：03(3262)8015(代)
編集部：03(3262)8012(代)
FAX　03(3234)4421　振替　00100-2-62304
http://www.kanki-pub.co.jp/
印刷所——大日本印刷株式会社

ISBN4-7612-6111-0 C0030